사주 사랑이 운명이 되다 ──

THE 궁합

♦

누구를 만나 사랑하고 선택하는지에 따라
우리의 운명이 결정된다.

♦

• 내 마음의 스판(spandex) •

우리의 마음이 고탄력 스판(spandex) 옷처럼 편안할 때
사랑도 깊어질 수 있다.

연애를 시작한 연인들에게 첫 번째 찾아오는 의문은
"이것이 진짜 사랑일까?" 라는 물음이다.

그러나 그 답은 이미 정해져 있는 것이 아니라
내가 정성을 다해 만들어 가는 수많은 과정들 속에 있다.

사랑은 시작하는 것보다 유지하는 것이 훨씬 더 어렵다.

시작은 마음만 있으면 되지만 유지는 노력과 정성이 포함된다.

'사랑하지만 좋아하지 않을 수 있다'
'좋아하지만 사랑하지 않을 수 있다'

사랑은 내가 불행해도 할 수 있지만
좋아하는 것은 내가 행복하지 않으면 지속할 수 없다.

연애를 시작할 때 우리가 갖는 기대는 사랑이 아니다.
그것은 나를 채워줄 행복에 대한 기대일 뿐이다.

그래서 늘 기대는 다시 리셋(reset)되고
우리는 상처를 꽁꽁 싸매며 청춘은 원래 아픈 거라고
어설픈 위로를 한다.

원래 아픈 것은 없다.
상처는 이미 결과로 예정되어 있었던 것이다.

기대는 상처의 원인을 만들어 주기 때문이다.
기대 없이 좋아하는 연습을 해보는 것은 어떨까?

나를 채워줄 '그' 대신 내가 채워줄 '그'를
사랑하는 순간 아름다운 마법이 시작된다.

내 마음을 몰라주는 그에게 섭섭하지 않고
비 오는 날 우산을 들고 마중 나온 작은 마음에도
세상을 다 가진 행복감을 느낄 수 있다.

원래 마음은 고탄력 스판처럼
쉽게 늘어나기도 하고 줄어들기도 한다.

그러나 우리의 욕심과 이기심은 마음의 탄성을
잃어버리게 하고 다시 혼자로 돌아오게 만든다.

스판 옷은 편안하다.
그것이 우리에게 편안함을 주는 것은
크기에 따라 탄력적으로 맞춰주기 때문이다.
우리 마음은 모두 스판 기능을 가지고 있다.

사랑과 연애도 스판처럼 한다면 상처받고 아파하는
불편한 시간이 사라질 수 있지 않을까?

내 마음의 스판은 일체유심(一切唯心)이다.
모든 것은 내 마음이 만든다는 의미이다.

제3장 # 다채로운 궁합이야기

제4장 # 궁합의 이별이야기

에필로그

부부의 인연

눈 깜짝할 사이에
사랑은 이별이 되고 이별은 다시 사랑이 된다.

이별도 사랑처럼 하자.
이별도 예전에는 반짝이는 사랑이었다.

미래를 보면
남은 시간은 길어 보이지만
지나온 과거를 보면 시간은 눈 깜짝할 사이가 된다.

지금 이 순간이 소중한 이유이다.
지금 이 순간이 사랑할 때라면 온 힘을 다해 사랑하고
이별할 때가 되면 미련 없이 이별하자.

그리고 또다시 시작하면 된다.

망설이고 주저하고 포기하다 보면
남은 미래도 지나온 과거처럼 눈 깜짝할 사이가 될 수 있다.

인생은 대단해 보여도 작은 생각과 의지가 모여 만드는

나만의 시간과 공간일 뿐이다.

아름다운 시간과 공간을 만들기 위해서
가장 중요한 것은 포기하지 않는 것이다.

인생은 포기하지 않는 것만으로도 충분히 가치가 있게 된다.

왜냐하면 인생은 최종 완성이나 결승점이 없기 때문이다.
인생은 포기하는 순간부터 걷잡을 수 없이 허무해진다.

그렇게 되지 않기 위해서 지금 하고 싶은 것을 해야만이
우리의 인생은 눈 깜짝할 사이에 무너지지 않을 것이다.

이별도 큰 의미에서 보면 만남과 다르지 않다.
만남이 시작인 것처럼
이별도 새로운 만남을 위한 시작이다.

이별이 끝이 되지 않기 위해
우리가 반드시 해야 할 일은
해야 할 일이 생겼을 때
피하거나 미루지 말고 그냥 하는 것이다.

인생은 생각보다 길지 않다.

내 사주 내가 보기

초딩도 1분이면 사용할 수 있는 만세력 사용법

성명	생년월일시
최제현	2022 년 06 월 25 일 ● 남성 ○ 여성
나이 2세	14 시 25 분 ● 양력 ○ 음력 ○ 윤달

(1) 인터넷 검색창에 '만세력'을 입력하여 클릭한다.

(2) 만세력에 자신의 생일인 생년월일시를 입력한다.

(3) 생일은 양력과 음력 어느 것을 사용해도 무관하다.

(4) 사주팔자가 나온다.

구분	시(時)	일(日)	월(月)	년(年)
천간	辛	己	丙	壬
지지	未	酉	午	寅

(5) 사주팔자에 나온 8개의 글자가 나의 사주팔자가 된다.

(6) 총 8개의 글자 중 태어난 생일날인 일(日)의 글자가
자신을 나타내는 일주가 된다.

제1장

궁합이야기
Love Match Story

연애에 없던 생소한 일들이
무한 반복되는 것이 바로 결혼이다.

연애는 동화
결혼은 다큐

궁합의 의미

　좋은 궁합은 편안하고 자연스러운 관계이다. 자연스럽다는 것은 풍요롭고 안전하며 오래 지속될 수 있는 관계를 의미한다. 봄여름 가을 겨울이 순차적으로 흘러가듯이 사람과 사람의 관계도 계절의 순환처럼 자연스럽게 진행되는 것이 좋다.

　궁합의 실질적인 의미는 사람과 사람의 만남에 관한 이야기이다. 사람은 누구나 태어난 순간 찰칵하고 찍히는 사진처럼 자신만의 생년월일시가 만들어지고 생년월일시는 고정된 사주팔자가 된다.

　자신의 사주팔자와 상대방의 사주팔자를 서로 맞추어 보고 서로의 성향과 환경 등이 잘 맞는지 알아보는 것을 궁합이라고 할 수 있다. 사람과 사람 사이에는 보이지 않지만 서로에게 영향을 미치는 기운이 존재한다. 이러한 기운은 서로 잘 맞는 경우도 있지만 상대를 힘들게 하거나 불편하게 만드는 경우도 있다.

기본적으로 서로 도와주는 기운이 만나면 좋은 궁합이 되고 서로 방해되는 기운이 만나면 나쁜 궁합이 되는 데 좋고 나쁘다는 결정은 다소 복잡하고 다양한 요소들에 의해 결정되기 때문에 한두 가지 정보로 단순하게 판단해서는 안 된다.

특히 궁합은 태어난 생년월일시에 의해 각각의 자리가 주어지는데 서로의 자리가 화합하는 기운인지 아닌지가 중요하며 이를 상호 간에 맞춰본다고 하여 궁합이라는 명칭이 생긴 것이다. 궁합은 비슷하게 어울리면서도 서로의 부족한 점을 보완할 수 있으면 가장 좋다.

태어난 생년월일시에 의해 4개의 자리가 만들어진다.

- 태어난 년(해) : 조상이 있어야 하는 자리
- 태어난 월(달) : 부모가 있어야 하는 자리
- 태어난 일(날) : 배우자가 있어야 하는 자리
- 태어난 시(시간) : 자식이 있어야 하는 자리

이러한 각각의 자리를 궁(宮)이라 하며 궁에 들어 있는 기운을 성(星)이라고 하는데 궁과 성은 태어난 환경과 타고난 성질로 비유될 수 있다.

모든 생명은 각각의 태어난 환경이 있고 그 환경 안에서 개별적인 재능, 성격, 취향 등을 가지고 있으며 사람도 각자 다른 환경에서 태어나 각기 다른 재능과 성격 등을 지니고 살아간다.

부유한 환경, 가난한 환경, 더운 환경, 추운 환경 등 각각 다른 환경에서 태어나며 또 급한 성격, 차분한 성격, 수학에 재능이 있는 사람, 예술에 재능이 있는 사람 등 각자 개별적인 능력을 지니고 있다.

궁합에서 궁(宮)은 태어난 환경이 다른 각각의 개체(동물)들을 동물원이라는 특별한 공간에 모두 모아둔 것이다. 그것이 우리가 흔히 알고 있는 12지지 동물이며 성(星)은 각 12가지 동물들이 개별적으로 지니고 있는 재능, 특성, 능력, 성격 등을 의미하는 것이다.

매년 올해는 '호랑이해', '토끼해', '용띠해', '뱀띠해' 등 해(년)라고 이름 지어 부르는 것이 바로 12지지 동물인데 그 기본 구성은 각 1년씩 총 12년이 하나의 세트로 구성되어 있다. 즉 누구나 12년에 한 번씩은 자기가 태어난 해(띠)로 다시 돌아오는 것이 기본원리이다.

예를 들어 자신이 말띠이면 12년 후에 다시 말띠해가 되는 것이고 다시 자신이 태어난 해로 돌아온다는 것은 지난 12년 동안 살아온 환경을 다시 바꾸거나 업그레이드시킬 수 있는 기회가 온 것을 의미한다.

이는 그동안 입었던 헌 옷을 버리고 새 옷으로 갈아입는 것과 비슷하다고 할 수 있다. 즉 기존에 해왔거나 사용했던 지난 업무나 습관들을 새로운 목적이나 방향으로 전환하거나 수정할 수 있고 대외적으로는 자신의 지위나 자격 등을 변동하거나 혹은 업그레이드시킬 수 있는 기회로 만들 수 있다는 것이다.

누구에게나 12년마다 기회와 능력이 생기는 이유는 자신에게 익숙하고 유리한 환경이 조성되었기 때문이다. 마치 물고기가 물을 만난 것처럼 자신이 태어나 경험한 편안한 환경이 자신의 재능과 능력을 발휘하는 데 큰 역할을 하거나 도움을 주는 방식으로 작용하는 것이다.

각 동물의 명칭으로는 쥐, 소, 호랑이, 토끼, 용, 뱀, 말, 양, 원숭이, 닭, 개, 돼지 등으로 각각의 동물들은 자기 자리를 가지게 되며 어느 동물끼리 짝으로 만나는지에 따라 나의 환경과 성격이 변화하게 된다.

이 동물들이 서로 잘 협력하여 조화를 이루고 사는지, 싸우거나 배신하는지를 보는 것이 바로 궁합이라고 할 수 있다. 따라서 상대와의 궁합에 따라 함께 살면 행복하고 건강해지는 관계가 있고 함께 살면 죽거나 다치거나 불행해지는 관계도 생기는 것이다.

궁합관계를 자리별로 구분하면 다음과 같다.

첫 번째, 배우자 선택 시 가장 중요한 자리는 내가 태어난 날(생일)

의 자리이다.

이를 배우자 자리라고 하는데 이 자리는 자신과 배우자 간의 관계가 가장 깊이 연관되어 있어 궁합에서 가장 중요한 요소로 작용한다.

배우자 자리에 있는 오행이 내 사주와 어떤 관계에 있는지에 따라 금실 좋은 부부관계가 될 수도 있고 최악의 관계로 이별을 맞이할 수도 있다.

혼인궁합에서 배우자 자리가 좋은 부부는 서로에게 해가 되거나 나쁜 영향을 끼쳐 이혼하는 경우가 매우 드물며 설령 운에 의해 이혼이 되더라도 다시 만나 재결합하거나 서로 발전적인 모습을 보여준다.

그러나 이와 반대로 배우자 자리가 나쁜 부부는 갈등과 다툼이 잦고 이별이라는 안 좋은 결과가 나오기도 하며 설상가상으로 운까지 나쁘게 들어오면 최악의 상황을 만들어 내기도 한다.

함께 간 신혼여행에서 혼자 돌아오는 경우부터 평생 아프거나 직업을 잃고 가난해지는 등 삶이 지옥처럼 바뀌는 경우까지 다양한 형태로 나타나며 때로는 자신의 배우자 자리에 문제가 있어 평생 홀로 외롭게 살아야 하는 사주팔자도 있다.

따라서 남녀궁합에서 배우자 자리는 상대 배우자와의 관계가 결정되는 첫 번째 관문이라고 할 수 있다.

두 번째는, 합(合)이 있는 관계이다.

합이란 2가지 이상의 에너지가 서로 협력하고 협동하려는 기운으로 남녀라는 서로 다른 성질이 조화를 이루어 새로운 기운을 만들려는 과정이다. 모든 자연의 음과 양은 개별적으로 불완전한 상태이기 때문에 끊임없이 상호 보완하려는 속성을 지니고 있다.

청춘 남녀가 만나면 서로 끌리는 이유도 이 때문이다.

합이 좋다는 의미는 서로에게 나쁜 작용을 하지 않고 함께 힘을 합쳐 제3의 시너지 효과를 만들어 낸다는 것이며 힘들고 어려울 때도 협동과 협조가 잘 이루어진다는 것이다. 합은 둘 사이에 정신적 공감대를 만들어 주고 같은 꿈과 이상을 지향하게 만들며 비슷한 취향을 갖게 하기도 한다.

사주의 기본 구조는 궁(宮)과 성(星)으로 구성되어 있으며 이는 정신과 신체의 관계처럼 밀접하게 연관되어 작용한다.

궁은 위치와 자리이고, 성은 개인별로 지닌 고유의 기질과 본성이며 특징이라고 할 수 있다. 이 2개의 성질을 결합하여 해석하는 것이 우리가 흔히 말하는 궁합의 실체이다.

궁합을 통해 우리가 알 수 있는 정보는 상당히 다양하고 풍성하다. 성공과 실패, 명예와 재물, 고통과 즐거움. 희망과 절망, 성장과 쇠퇴 등 개인적인 행복과 사회적 성패와도 밀접한 관련이 있다.

따라서 궁합을 분석하고 이에 맞게 대처한다는 것은 개인의 삶을 행복하게 만들고 사회적인 성공까지 영향을 미치게 된다. 그중에서도 혼인궁합은 남녀가 만나 연애와 결혼을 통해 가정이라는 또 하나의 사회구성원을 만드는 것이기 때문에 무엇보다 중요하다고 할 수 있다.

─────────── 사주팔자의 구성 ───────────

생년월일시	시(時)기둥	일(日)기둥	월(月)기둥	년(年)기둥
천간(하늘)	7	5	3	1
지지(땅)	8	6	4	2

먼저 궁합을 알기 위해서는 사주팔자의 구성을 이해해야 한다. 사주팔자는 태어난 생년월일시가 4개의 기둥이 되고 천간(하늘)과 지지(땅) 2개의 공간으로 나누어져 총 8글자로 구성되어 있다. 각각의 기둥은 천간, 지지 2개의 글자로 구성되어 있으며 이를 간지(干支)라고 부른다.

간지는 총 60개의 종류로 이루어져 있는데 이러한 60개의 글자 중에 어떤 글자가 내 사주에 들어 있고 어떤 성격과 인생으로 살아가는지 알아보는 것이 사주팔자이다.

운(運)은 변화의 개념으로 작용한다. 운은 곧 시간을 의미하며 봄·여름·가을·겨울 4계절이 바뀌듯 시간의 흐름에 따라 내 인생의 환경도 변화하게 된다.

예를 들면 내가 겨울에 태어나 추워서 꽁꽁 얼어붙어 있었는데 운에서 봄이 온다면 그동안 얼어붙어 있던 추운 환경이 바뀌어 내 마음과 주변 환경이 봄처럼 활짝 펴지고 새롭게 시작하는 원인이 되어주는 것이다.

이러한 변화를 달력을 보듯 미리 알아보고 대비하는 것이 사주궁합을 알아야 하는 목적이면서 이유이다. 궁합을 볼 때도 내가 너무 더운 여름에 태어나 역동적이고 활동적인데 상대방이 겨울에 태어나 차분하고 생각이 깊은 사람이라면 서로 다른 매력과 부족한 부분에 강한 끌림 현상이 생길 수 있다.

하지만 함께 오랫동안 생활을 하다 보면 이러한 너무 다른 성격과 성향으로 인해 서로 이해하기 어렵거나 다툼이 생길 수 있다.

비유하자면 더운 지역에 사는 동물과 추운 지역에 사는 동물이 처음에는 다른 환경에 대한 동경과 호기심으로 급속히 가까워지지만 시간이 흐르면서 서로 불편해지고 자신의 환경을 그리워하게 되는 것과 비슷하다.

우리가 궁합을 보려고 하는 이유도 결혼이라는 긴 시간 동안 한 공간에서 함께 살아가야 하기 때문에 서로가 잘 맞는지 어떻게 맞추며 살아야 하는지 이해하기 위함이다.

연애와 결혼은 환경이 전혀 다른 세계이기 때문에 서로 다른 것을 받아들이고 인정하지 않으면 한순간 유리그릇처럼 깨지기 쉬운 관계가 될 수 있다.

그래서 결혼생활에서 존경과 예의는 최고의 안전장치가 되는 것이며 그 시작은 언어의 품격에서 만들어진다. 우리의 언어 속에는 상대를 향한 마음이 담겨 있어서 단 한마디로도 충분히 아름답고 완전하게 표현할 수 있다.

첫눈에 반하게 하는 것은 외모이고
매일 반하게 하는 것은 예쁜 말이다.

행복한 연애란….

저녁 퇴근길에
보고픈 그 사람을 만날 수 있는 것.
그의 눈빛에 심장이 설탕처럼 녹고
그의 손길에 온몸이 풍선처럼
두둥실 떠다니는 것.

궁합의 구성

결혼에서 존경심은 최소한의 안전장치이다.
존경심이 있는 사랑은 자신을 낮추고 상대를 배려하며
최악의 상황에서도 품격을 잃지 않기 위해
노력하는 모습을 보여준다.

궁합의 구성은 생년월일시 각각의 자리에 어떤 글자가 있는지를 보는 것이다. 각 자리에 있는 글자와 주변 글자 간의 조화와 균형에 의해 궁합의 좋고 나쁨이 정해지는데 그 중심은 자신이 태어난 날이 된다.

즉 연월일시는 개별적으로도 존재하지만 서로 연관되어 있고 상호 영향을 미치는 관계인 것이다. 인체의 장기가 서로 연결되어 있어 간이 나빠지면 시력이 떨어지고 신장기능이 훼손되는 것과 동일한 이치이다.

따라서 년과 월, 월과 일이 어떤 형태이고 일과 시가 서로 협조하는지 방해하는지를 관찰하는 것도 개별글자를 이해하는 것 이상으로 중요하다. 왜냐하면 모든 글자는 상호 연관되어 작용하기 때문이다.

목(木)이 화(火)를 만나면 목은 일시적으로 사라지고 화만 남는다. 아침이 점심이 되면 아침은 일시적으로 사라지고 점심시간 혹은 점심의 환경만 존재하게 된다.

봄이 여름으로 변화되면 봄은 일시적으로 사라지고 여름의 시간과 환경만 남는다. 시간의 마법이 목을 화로 아침을 점심으로 봄을 여름으로 변화시킨 것이다. 그러나 이는 일시적인 변화일 뿐, 다시 원래대로 돌아가는 복원력을 지니고 있다.

아침이 점심이 되었다고 아침이 사라진 것이 아니라 잠시 점심으로 변화되었을 뿐인 것이다. 마치 밤에 태양이 보이지 않는다고 태양이 사라진 것이 아닌 것처럼 말이다.

궁합도 시간의 영향을 받으며, 각각의 자리는 글자에 따라 그 특성이 변화되는데 이를 맞춰보는 것이 궁합운이라고 할 수 있다. 세월에 따라 우리의 마음과 환경이 바뀌듯 궁합도 고정되어 있는 것이 아니라 시간이라는 마법을 통해 변화되고 다시 복원되기도 한다.

시간에 따라 상대와의 관계도 각각의 계절처럼 새 옷을 입게 되는 것이다.

- 년(年) : 나의 외부적인 모습과 가문, 조상 등을 의미한다.
- 월(月) : 나의 주변 환경이나 부모, 나의 사회적 능력을 나타낸다.
- 일(日) : 나의 개인적인 재능과 성격, 취향 등을 의미한다.
- 시(時) : 나의 은밀한 사적인 영역과 자식, 말년 등을 의미한다.

생년월일시는 모두 운의 영향을 받으며 변화되거나 복원되며 이러한 궁합 운을 활용하여 결혼과 임신, 택일 등을 정하는 것이다.

사주궁합 구성도 (궁의 자리)

생년월일시	시(時)	일(日)	월(月)	년(年)
천간(하늘)	개인적 취향	자신의 모습	사회적 능력	집안의 환경
지지(땅)	자식의 자리	배우자의 자리	부모의 자리	조상의 자리

모든 사람은 자신의 자리가 있고 사주에서는 이를 궁이라고 하며 궁합에서 자리의 의미는 개인적인 특징뿐 아니라 사회적 능력까지 포함하고 있다. 궁합은 자리에 따라 운명과 사랑이 결정된다.

따라서 궁합의 자리다툼은 매우 치열하며 다양한 주변 요소들에 의해 자신의 배우자가 결정된다. 이때, 최상의 선택으로 행복한 결혼 생활을 하는 경우도 있지만 그와 반대로 자신과 맞지 않는 배우자를 선택하여 이혼과 사별, 법정소송 등 다양한 아픔을 겪기도 한다.

이러한 시행착오를 겪지 않기 위해서는 대학입시보다 더 중요한 배우자의 선택을 아무런 정보 없이 느낌이나 조건만으로 선택해서는 안 되며 철저한 궁합적 분석을 통해 신중한 결정을 해야 평생 후회가 남지 않는다.

- 년(年) : 조상의 자리

  가문과 집안, 대외적인 내 모습, 집안의 모습, 나의 첫인상

- 월(月) : 부모의 자리

  나의 사회적 환경과 능력, 부모의 영향력

- 일(日) : 배우자의 자리

  나와 배우자의 관계, 나의 재능, 성격, 좋아하는 것

- 시(時) : 자식의 자리

  자식과의 관계, 나의 노년환경, 나의 은밀한 비밀

궁합을
알아야 하는 이유

　　좋은 궁합은 남녀가 한 몸처럼 서로 협동하고 화합하여 조화와 균형을 이루는 것이다.

　　균형과 조화는 어려운 단어가 아니다. 배고플 때 밥을 먹고 피곤하면 잠을 자고 외로울 때 대화를 하는 것이다. 사랑의 감정이나 느낌도 지극히 자연스러운 조화와 균형의 행위라고 할 수 있다.

　　남녀 간의 연애감정도 이와 마찬가지이다. 음양의 작용은 자연성을 지니고 있어 별다른 교육이나 학습 없이도 누구나 내재되어 있는 공통의 유전자로 자연스럽게 활성화되는 특성을 지니고 있다.

　　따라서 누구나 쉽게 접근할 수 있고 배우지 않아도 본능적으로 이해하고 공감할 수 있다. 마음에 드는 이성을 만나면 연애세포가 살아나고 자신의 마음을 표현하고 싶은 욕망이 생겨나는 현상이다.

그렇다고 좋은 궁합이 반드시 첫눈에 반한다는 의미는 아니다. 사람마다 마음이 움직이는 시간과 속도가 다르고 상황이나 환경도 모두 제각각이어서 명확한 기준은 없다.

다만 좋은 궁합은 시간이 지날수록 편안하고 깊어지는 특성이 있다. 궁합은 인간의 관점에서 만든 도덕이나 윤리 같은 선악의 기준이 없다. 궁합도 자연현상의 일부이기 때문에 선악의 개념보다는 원리와 현상에 주목해야 한다.

궁합이 나쁘다는 것이 그 사람이 나쁜 사람이란 의미가 아니란 것이다.

궁합은 사람의 좋고 나쁨이 아니다.
궁합은 애정의 좋고 나쁨도 아니다.

나쁜 사람과도 좋은 궁합이 될 수 있고
좋은 사람과도 나쁜 궁합이 될 수 있다는 것이다.

모두에게 좋은 남자가 자신에게는 나쁜 남자가 될 수 있고, 모두에게 나쁜 여자가 자신에게는 좋은 여자가 될 수 있는 것이 궁합이다. 궁합은 개인의 좋고 나쁨이 아닌 상호작용이 중심이기 때문이다.

음식으로 비유하면 새우 알레르기가 있는 사람에게 새우 음식은 목숨까지 위태롭게 만드는 해로운 음식이 되지만 새우요리가 잘 맞는 사람에게 새우는 좋은 음식이 되는 것과 같다고 할 수 있다.

따라서 외부적인 모습이나 사회적 조건 등은 참고사항은 될 수 있지만 궁합의 좋고 나쁨을 결정짓는 중요한 요소는 아니라는 것이다. 밖에서 좋은 사람이 집에서는 최악의 배우자가 될 수도 있고, 집안에서 최고의 배우자가 밖에서는 나쁜 사람이 될 수 있는 것처럼 궁합은 두 사람만의 특별한 상호연관관계가 존재한다.

또한 남녀가 서로 호감을 느끼고 좋아하는 감정이 생기는 것이 궁합의 작용과는 별개일 때도 많다. 서로 뜨거운 연애감정이 생기는 것은 궁합이 좋아서가 아니라 서로 여러 형태의 생합(生合) 때문일 가능성이 더 높다.

첫눈에 반하거나 끌린다고
반드시 좋은 궁합은 아니라는 의미이다.

실제 첫눈에 반해 결혼했던 관계가 세월이 흐르면서 이혼으로 이어지는 경우가 많은 것도 그 때문이다.

셰익스피어의 작품『로미오와 줄리엣』도 비슷한 경우에 해당한다.

첫눈에 반하여 짧은 기간 동안 격렬히 사랑했지만 만난 지 얼마

안 되어 허무한 죽음을 맞이한 이들의 궁합도 최악의 조합에 속한다고 할 수 있을 것이다. 실제 현실에서 극 중 두 사람의 성격을 보면 둘 다 고집과 자기주장이 매우 강하여 만남 기간이 조금만 길어졌다면 헤어졌을 가능성이 높고 만약 가문이 원수지간이 아니어서 결혼까지 했다면 이혼소송까지 불사했을지도 모른다.

즉 좋은 궁합은 단순히 좋아하는 감정이나 느낌이 아닌 서로를 안아주고 보완하며 도와주는 기능인 것이다.

궁합은 상대에 관한 정보는 물론이고 나 자신에 관한 정보, 그리고 둘 사이의 길흉관계까지 비교적 소상히 알려준다. 나와 상대의 정보를 알고 미리 대비할 수 있게 도와주는 역할을 하는 것이다.

남자는 주로 여성에 해당하는 글자의 동태를 살피고 여자는 남성에 해당하는 글자의 동태를 살피는 것이 기본이지만 해당 글자가 없거나 작용이 미미할 때는 다른 글자로 판단하기도 한다. 남자는 재성(財星)이 여자에 해당하며 여자는 관성(官星)이 남자에 해당한다.

좋은 궁합은 삶의 질을 높이고
삶의 지향점을 만들어 준다.

나쁜 만남은 나쁜 관계를 만들고
나쁜 관계는 나쁜 궁합을 만든다.

첫눈에 반했다고 좋은 궁합은 아니다.

내 느낌은 틀리기 쉬운 문제
내 느낌보다는 그가 하는 행동이 정답.

연애와 결혼궁합

연애궁합과 결혼궁합은 추구하는 목적이 다르다.

연애궁합은 성향과 취향이 전혀 달라도 즐거움과 좋은 감정이 있으면 좋은 궁합이 될 수 있지만 결혼궁합은 성향과 취향 등의 좋은 감정보다도 현실적인 환경과 능력 등이 더 중요하다.

그래서 처음 연애할 때 좋은 느낌이 나중에는 후회로 남는 경우가 생기고 반대로 연애할 때는 별로였지만 결혼 후에 더 애정이 깊어지고 행복해지는 경우도 발생하는 것이다.

이것은 연애와 결혼의 목적이 다르기 때문인데 대부분의 연인들은 연애가 좋으면 결혼생활 역시 좋을 거라는 착오에 빠지는 경우가 많다. 그 이유는 결혼이라는 냉혹한 현실에 대한 이해 부족에서 시작된다.

연애는 동화처럼 낭만적이면서도 형식이나 법률적으로 자유롭지만 결혼은 다큐(documentary)처럼 실체적이면서도 의무, 책임, 형식 등 법률적으로도 부자유스러운 관계이다.

연애가 결혼으로 변화된 것은 동화가 다큐와 섞이기 시작하는 것이다.

연애는 동화 속 상상의 이야기
결혼은 다큐 속 실존의 이야기

궁합은 동화와 다큐가 섞인 이야기
알맞게 동화와 다큐가 조화를 이룰 때
가장 이상적인 남녀궁합이 된다.

실제로 남녀의 만남에서 호감도가 결정되는 시간은 불과 1분~2분 사이이다. 남녀의 끌림 현상은 수학적인 계산이나 논리가 적용되지 않는 무의식의 세계라는 의미이다.

즉 남녀 간의 친밀도나 호감도는 의식이 아닌 무의식이 결정하는 것으로 '첫눈에 반했다'라는 것은 계획이나 의지가 아닌 본능과 느낌이 만드는 현상에 가깝다.

상대가 어떤 사람인지가 그를 좋아하는 기준이 아니라 자신의 기분 상태 혹은 주변 환경이나 분위기 등이 더 큰 영향을 준다는 것이

문제인 것이다. 따라서 같은 사람을 다른 날, 다른 시간에 만났을 때 느낌이 달라진다면 그 사람에 대한 감정은 진심이 아닐 가능성이 높으며 그에 대한 자신의 마음을 의심해 보는 것이 좋다.

특히 연애는 상대에게 보여주고 싶은 부분만 보여줄 수 있고 즐거움을 위해 연인과 함께하는 제한된 시간만 고민하면 되지만, 결혼은 자신의 모든 모습을 바닥까지 다 보여줄 수밖에 없고 책임과 더불어 미래의 시간까지 함께 고민하고 설계해야 한다.

따라서 결혼생활의 불행의 근원은 느낌과 현실의 차이로부터 발생되며 이것은 연애의 목적과 결혼의 목적이 다르다는 것에서부터 시작된다. 동화 같은 연애에 비해 결혼은 다큐 같은 현실과 이성의 세계에 있다는 것이다.

무의식이 결정한 안목은 불필요한 물건을 충동구매하는 것과 같고 충동구매는 후회 또는 반품의 흔적을 남기게 되는데 불행히도 우리는 물건을 사용해 본 타인의 후기보다는 자신의 느낌을 더 믿는 경향이 있다.

연애와 결혼은 전혀 다른 분리된 세계이다.
연애는 무의식, 결혼은 의식
연애는 감성계, 결혼은 이성계의 영역이다.

그래서 혼인 전에 궁합을 보는 이유도 바로 이러한 신뢰성 없는 무의식을 보완하기 위해서이다. 실제로 연애 때 좋았던 관계가 결혼 후에 훼손되어 후회하는 경우가 절반이 넘는다.

즉 둘 중 한 명은 '내 눈의 콩깍지'를 원망하며 산다는 것인데 심지어 '내 눈의 콩깍지'는 재혼 때도 또다시 작동한다. 한 번의 경험을 실패 삼아 잘 선택할 것 같지만 결과는 비슷한 경우가 많다.

같은 이유로 좋아하게 되고 또 같은 이유로 실망해서 헤어지는 것이다. 대개 결혼 적령기 남녀의 소개팅 횟수는 많으면 1년에 약 10회에 이른다고 한다. 그런데도 운명의 짝을 만날 확률은 10% 미만이란 통계가 있다. 이것은 21세기의 고도의 과학시대를 살고 있는 청춘들에게 있어서는 안 될 시간 낭비이다.

이것을 단번에 해결할 방법이 있다. 바로 소개팅 후에 마음에 든다면 사귀기 전에 미리 궁합을 보는 것이다. 실제 궁합이 맞는 부부가 이혼하는 경우는 극히 드물다. 궁합은 상호보완의 의미로 내가 가지지 못한 것들이 상호작용을 통해 채워지는 과정이다.

궁합은 삶의 질을 높일 수 있는 가장 효율적이고 확실한 방법이다.
삶의 가치와 행복을 결정하는 요소 중 가장 큰 영향을 미치는 것은 배우자를 선택하는 일이다.

어떤 배우자를 만나는지에 따라 자신의 삶의 만족도가 결정되기 때문이다. 우리는 삶의 대부분을 사람과 관계하고 소통하는 데 시간을 사용한다.

거기에는 사랑, 만족, 행복, 불안, 슬픔, 고통, 분노 등 수많은 감정과 느낌이 섞여 있다. 그리고 그 현상들은 어떤 사람과 관계되어 있는지에 따라 달라지는데 이를 합리적으로 사전에 알려주는 것이 바로 궁합이다.

사랑하는 사람과 함께 있으면 아무것도 하지 않아도 즐겁고 행복하지만 싫은 사람과 함께 있을 때는 무엇을 해도 지루하고 불편하듯이 좋은 궁합은 평생 사랑하는 사람과 함께 있는 느낌을 만들고 나쁜 궁합은 싫은 사람과 함께 있는 느낌을 만든다.

궁합을 무시하고 배우자를 선택하는 것은
처음 보는 식물을 약초라고 믿고 섭취하는 것.

그 식물이 당신에게

약초일 가능성 20%
독초일 가능성 30%
잡초일 가능성 50%

- 약초부부⋯백년해로의 행복한 삶
- 독초부부⋯별거, 이혼, 소송, 사별 등의 삶
- 잡초부부⋯대충 살기, 억지로 살기 등의 삶

소중한 것은 늘 가까이 있다.

한겨울 단수가 되어
물이 나오지 않을 때나
한여름 에어컨이 고장 나
밤새 잠을 이루지 못할 때

우리는 그것들이 주었던 고마움보다는
지금 당장 그것들 때문에 불편한 것만 탓하게 된다.

원래 있었으니까 항상 있을 거란
생각처럼 말이다.

42

우리는 감사한 것들에 대해
너무도 당연한 것이라고 생각한다.
우리가 매일 접하는 수많은 편안함은
누군가의 수고나 고통으로 만들어진 것인데 말이다.

사랑도 마찬가지이다.
늘 언제까지 내 옆에 머물 것 같지만
고장 난 수도꼭지처럼 갑자기 멈출 수 있다.

그때서야 그가 얼마나 고맙고
소중한 존재였는지 깨닫게 된다.

제 2 장

궁합의 연애이야기

사랑은 완벽한 것이 아니다.
사랑은 서로 부족한 것을 채워주는 과정이다.

사랑은 목적이 있는 것이 아니라
그 자체가 가장 뛰어난 목적이다.

궁합의 마법상자

결혼은 해도 후회하고
안 해도 후회가 남는 마법의 상자이다.

이 세상에 완벽한 사람이 없듯 완벽한 결혼도 없다. 그래서 서로
좋아하는 감정뿐 아니라 반드시 노력과 학습이 병행되어야 성공적인
결혼생활을 유지할 수 있다.

그렇다면 남녀관계에서 가장 중요한 기준이 되는 궁합은 어떤 것
이 있고 그 작용은 무엇일까?

남녀 간의 궁합은 사회, 나이, 성별, 직업 등 다양한 환경에 따라
여러 종류로 분류될 수 있으며 각각의 특성과 작용하는 방식에 따라
그 기준이 결정된다. 그러나 한두 가지 요소나 단순 궁합으로만 판단
하는 것은 매우 위험한 방법이며 개인 사주 분석과 다양한 개별 운까

지 종합적으로 판단한 후에 결론을 내리는 것이 중요하다.

궁합의 첫 번째 마법상자는 □□□ 이다.

편 안 함

가장 좋은 궁합은 편안함이 있는 관계이다. 편안함은 꾸밈없이 순수할 때 꽃향기처럼 나온다. 편안한 것은 자연스러운 기운이 본성을 따른다는 것을 의미한다.

남녀궁합에서 첫 번째 관문은 서로의 기운을 편안하게 받아들이고 이해하며 익어가는 관계에서 시작된다. 반대로 함께 있을 때 긴장되고 불안정해지며 시간이 지루하게 느껴진다면 그 궁합은 안 맞을 가능성이 매우 높아진다.

남녀관계에서 편안함은 안전하다는 의미도 포함하고 있다.

'그와 있어 편안하다'
이 말의 의미는 우리는 지금 안전하게 서로의 울타리 속에서 보호받고 있다는 것이다. 결혼에서 가장 우선되는 조건은 편안함과 안전함이다.

시간이 지날수록 더 편안하고 안전한 관계는 최고의 궁합이다. 다만 편안함이 지나치게 강하게 작동하다 보면 각자 할 일을 안 하고 나태해질 수 있다는 것을 주의해야 한다. 사람의 관계도 봄여름을 지나 가을이 되면 익어가기 시작한다. 편안하고 안전한 궁합은 시간이 지날수록 깊어진다.

낭만적인 연애가 시간이 흘러 익숙해지는 단계에 오면 사랑은 오래 입은 잠옷처럼 편안하고 익숙해진다. 익숙해진다는 것은 서로 닮아간다는 의미도 포함하고 있다.

오래된 관계가 편안해지는 것은 당연한 자연현상이다. 열정이 약해졌다고 사랑이 약해지는 것이 아니다.

사랑은 잘 익은 와인처럼 시간이 지날수록 깊은 맛과 향을 낸다.

좋은 와인이 산소를 잘 받아들이고 섞이듯이 잘 익어가는 관계는 늘 상대의 생각과 언행에 집중하고 자연스럽게 흡수하는 모습을 보인다.

♥ 편안하게 익어가는 사랑 ♥

주말이면 그와 늦잠을 자고 늘어진 면티와 헝클어진 머리로 TV를 켜놓은 채 하루 종일 빈둥대다 배가 고파지면 해물을 넣은 특제라면과 치킨을 먹는다.

그러다가 불쑥 꺼낸 한마디에 영화 검색을 하고 갑자기 바빠진 모습이 되어 생수를 챙겨 극장으로 달려간다. 지금은 내 옆에 있는 그가 목 늘어진 티셔츠처럼 편안하다.

처음에는 그의 오뚝한 콧날에 마음이 설레고 나를 바라보는 그의 눈빛에 가슴이 요동쳤다.

언제나 예쁘고 사랑스러운 모습만 보여주고 싶은 우리 연애의 시작은 봄여름 가을 겨울이 지나면서 계절의 모습만큼이나 달라졌다.

처음에는 뜨거움과 설렘이 사라질까 봐 겁이 났던 적도 있다.

그에게 늘 설레는 사람이고 싶은데 그가 나에게 익숙해지고 열정이 식어 서로에게 무관심한 부부처럼 권태로워지면 어떻게 하지라는 걱정도 생겨났다.

그러나 익숙해진다는 것은 사랑이 식는 것이 아니다. 계절에 따라 자연의 형태가 변화되듯이 사랑도 봄여름 가을 겨울이 이어지는 것이다.

처음 사랑을 시작할 때는 봄과 여름처럼 설렘과 뜨거움으로 가득 차 있지만 시간이 지난 사랑은 가을과 겨울처럼 잔잔하고 넉넉함으로 가득 차게 된다.

설렘이 약해졌다고 사랑이 약해지는 것은 아니다.
뜨거움이 약해졌다고 사랑이 식은 것은 더더욱 아니다.

익숙해지고 편해진다는 것은 또 다른 형태의 사랑이고 봄여름에는 없지만 가을 겨울에 있는 행복과 여유로움이 있는 것이다.

그에게 꾸밈없이 있는 그대로의 모습을 보여줘도 여전히 사랑스럽고 행복하다면 사랑은 식은 것이 아니라 익어가고 있다는 증거이다. 우리는 늘 새로운 것에 열광하지만 진실로 우리를 행복하게 만드는 것은 익숙함과 편안함이다.

아이폰이 새로 출시됐을 때 그 제품을 사기 위해 줄까지 서서 기다리지만 고작 1~2년만 지나도 그토록 갖고 싶었던 그것은 금세 헌 것이 되고 새 제품에 다시 마음을 빼앗기게 된다.

새 제품에 마음을 빼앗기는 것은 사랑이 아니다. 임시적으로 만들어진 감정의 몰입이며 소유에 대한 욕망 혹은 갈망이다.

우리는 이러한 임시적인 욕망에 마음을 뺏겨서는 안 된다.
욕망은 대상만 바꿀 뿐 본질에 다가갈 수 없기 때문이다.

새로 나온 맛집 요리보다는 엄마가 끓여준 된장찌개와 김치찌개가
더 건강하고 늘 그리운 것처럼 진실한 사랑은 편안하고 안전하며
우리를 진정 행복하게 만들어 준다.

궁합의
달력이야기

부부간의 존경과 예의는 품격이 있는 결혼생활을 만든다.

궁합은 목화토금수의 만남에 관한 이야기이다.
목(나무)이 화(태양)를 만나면 꽃이 피고
화(꽃)가 금(씨앗)을 만나면 열매를 맺으며
금(씨앗)이 수(물)를 만나면 다시 목(나무)이 생겨난다.

계절에는 봄여름 가을 겨울이 있고 하루에는 아침 점심 저녁 밤이 있듯이 궁합이라는 달력도 각각의 특성을 가지고 연관되어 새롭게 변화되는 과정을 만들어 간다.

인생을 살다 보면 힘들고 어렵고 지치는 상황들이 무수히 생겨난다. 크고 작은 이익을 위해 자존심을 버려야 할 때도 있고 소중한 가치나 명예를 어쩔 수 없이 포기해야 하는 경우도 생긴다. 그러나 그

것은 결코 잘못되거나 부끄러운 일이 아니다.

자연에서 꽃이 시들고 떨어지는 과정이 부끄러운 일이 아니듯이 인생에서 시련과 고난은 더 좋은 결과를 얻기 위한 과정이다.

꽃이 시들고 지는 과정을 통해 소중한 열매가 탄생된다는 것을 기억하자. 궁합도 이러한 자연현상과 거의 비슷하다. 사람과 사람 사이에도 달력처럼 시간에 따른 변화가 일어나고 환경이 달라지며 마음도 새로워진다.

궁합을 자연처럼 바라보자.
자연에서도 좋고 나쁜 것이 없듯 궁합에서도 좋고 나쁜 것을 구분하기보다는 어떤 시기에 어떤 환경이 만들어지고 어떤 사람과 어떤 만남이 이루어지는지를 봐야 한다. 여름이 좋고 겨울은 나쁜 것이 아니라 환경이 다른 것이다. 아침이 좋고 저녁은 나쁜 것이 아니라 해야 할 일이 다른 것이다.

궁합은 우리가 언제 누구를 만나야 하는지, 또 어떤 환경에서 어떻게 행동해야 할지를 말해준다.

목(나무)은 강한 의지와 관계를 추구한다.
화(불)는 성장과 변화를 추구한다.
토(흙)는 안정과 저장을 추구한다.

금(쇠)은 욕망과 결과를 추구한다.

수(물)는 무한한 꿈과 이상을 추구한다.

목(木)이 화를 만나면 다양한 관계 의지로 성장하며 꽃을 피우고,

화(火)가 토를 만나면 성장과 변화가 좋은 환경에서 안정감을 얻고,

토(土)가 금을 만나면 결실을 맺기 좋은 환경에서 열매가 생겨나고,

금(金)이 수를 만나면 귀한 열매가 단단하게 압축된 씨앗이 되고,

수(水)가 목을 만나면 다시 새로운 꿈과 이상이 만들어진다.

누구를 언제 만나는지에 따라 우리의 인생이 결정된다. 인생은 사람을 만나 함께 변화하는 과정이다. 좋은 궁합은 함께 있을 때 달력처럼 환경에 따라 서로에게 잘 맞춰 변화될 수 있는 관계이다.

맑은 물도 한곳에 오래 고여 있으면 썩듯이 사람관계도 시간에 맞게 변화하지 않으면 변질될 수 있다. 계절에 따라 옷을 바꿔 입듯이 사랑도 나이와 시간에 맞게 적절한 변화가 필요하다.

오행별
연애의 특성

영화에는 주연과 조연이 있지만 사랑에서는 누구나 주인공이 된다.

오행별 연애의 특성은 목화토금수가 지니고 있는 근원적인 특징과 재능을 연애적인 감성에 관점을 맞춘 것이다. 각 오행별 기본 성질이 연애를 할 때 어떤 특성으로 어떻게 연결되는지 관찰하는 것이 중요하다. 오행의 연애와 사랑은 각 계절의 모습만큼이나 다르고 개성이 뚜렷하다.

따라서 함께 느끼고 공감하는 것이 중요하다면 같은 기운끼리 만나는 것이 좋은 궁합이고 서로 부족한 것을 채우는 것이 필요할 때는 서로 다른 기운이 만나는 것이 좋은 궁합이 된다. 연애는 같아서 좋은 것도 있지만 달라서 행복할 수도 있는 마법의 세계이다.

정말 중요한 것은 같거나 다른 것을 어떻게 받아들이고 사용하는 가이다. 연애는 아이 같은 순수한 모습이 필요하고 결혼은 어른 같은 의젓한 모습이 필요한 것처럼 다른 것은 어떻게 조화를 이루고, 같은 것은 어떻게 균형을 맞추는지를 관찰하는 것이 궁합이다.

좋은 궁합은 서로 기운이 같거나 다르거나가 아니라 서로 같거나 다른 것을 얼마나 이해하고 받아들이며 존중하는가이다.

세상에 완벽한 사람이 없듯이 완벽한 부부나 연인도 없다.

목(木)의 사랑 (귀엽지만 피곤한 사랑)

- 봄에 태어난 청춘 남녀 (2월 3월 4월생)

목(木)의 사랑은 첫사랑처럼 순수하고 눈부시다.

첫사랑은 이루어질 수 없는 꿈이 아니라 이루어지지 않은 아쉬움이 첫사랑이 되는 것이다. 마치 작은 불씨 하나가 온 산을 잿더미로 만들 듯 첫사랑은 통제될 수 없는 어쩔 수 없는 사건이 되고 만다.

남자의 첫사랑은 가지지 못한 것에 대한 환상이 되고 여자의 첫사랑은 가슴 깊이 묻어둔 아픈 기억이 된다.

첫 번째 사랑이 실패하는 이유는 처음이라 서툴러서가 아니라 더 좋은 사람이 있을지도 모른다는 의심과 이기심 때문이다.

좋은 포장지만으로는 좋은 선물을 만들 수 없듯이 사랑도 훗날의 기억보다는 지금 결정하고 선택하는 것이 더 좋은 사랑이다. 그래서 목의 사랑은 활짝 핀 꽃처럼 아름답지만 금세 지는 아쉬움이 있다.

목(木)의 사랑은 꽃처럼 처음에는 아름답고 화려하지만
시들고 나면 볼품없고 상처가 남기 쉽다.

목(木)은 아이 같이 순수하지만 강력한 의지가 있다

목(木)은 강한 의지와 생명력으로 세상 밖으로 뚫고 나오려는 힘이다. 시작을 잘하고 어린아이처럼 순수하며 사물이나 사람에 대한 관계 의지가 있다. 그러나 개별적이고 자기중심적이어서 타인에게는 이기적으로 보일 수 있으며 쓸데없이 자존심이 강하고 변덕이 있다.

그럼에도 불구하고 아이처럼 귀엽고 사랑받기 충분한 모습을 하고 있어 미운 짓을 해도 안아주고 싶은 마음이 든다. 사회적으로는 유연성이 있고 추진력이 강하다.

화(火)를 만나면 우두머리 기질이 발생되기도 하고 자존심이 강하지만 쓸데없이 경쟁하지 않으며 함께 공존하는 법을 잘 알아 주변에 적을 만들지 않는다. 또 수(水)를 만나면 어떠한 척박한 환경 속에서도 자신의 세력을 부드럽게 넓혀 나가며 크기나 모양에 연연하지 않고 실속적이며 지혜롭다.

기본적인 성품은 인(仁)을 상징하니 어질고 인자하나 과하면 고집이 세고 욕심이 많아지며 부족하면 추진력이 약하고 남에게 의지하려 한다. 사회적으로 목(木)은 땅에 뿌리를 내리고 물과 햇살을 받아 힘차게 하늘을 향해 뻗어 나간다.

뒤를 돌아보지도 않고, 주변에 대한 배려도 없다.

오직 하늘만 보고 뻗어 나간다.

때로는 굽기도 하고 휘기도 하지만 목적은 하늘을 향해 끝없이 성장하는 것이다. 애벌레가 껍질을 벗고 하늘로 비상하는 나비가 되는 것이 목(木)의 꿈과 이상이다.

그래서 목은 자기 중심적이며 상대방이 일방적으로 자신에게 맞추길 당당하게 원한다. 또 새로운 것에 대한 호기심과 다양한 인간관계를 원하기 때문에 자신의 본심과 다르게 바람둥이처럼 보일 수 있지만 순수한 호기심으로 인한 경우가 많아 이성에게 용서받는 경우가 많다. 목은 아기처럼 사랑스럽고 귀엽지만 상대방이 일일이 받아주고 케어(care)해 주어야 하기 때문에 지치고 힘든 경우가 많아 주의해야 한다.

- 키워드 : 강한 의지, 뚫는 힘, 관계의지, 성장, 시작, 순수함,
  고유성, 자존심, 호기심, 생명력

화(火)의 사랑 (뜨겁지만 힘든 청춘의 사랑)

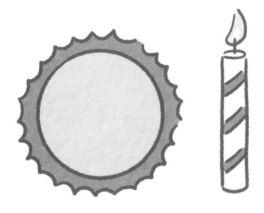

• 여름에 태어난 청춘 남녀 (5월 6월 7월생)

화(火)의 사랑은 빠르게 확산하지만 다시 돌아오지 못한다.

사랑은 들불처럼 처음에는 무섭게 타오르며 확산하지만 타버린 자리로는 다시 돌아가지 않는다. 헤어졌던 연인이 재회해도 비슷한 이유로 또다시 이별하는 것은 모든 것이 처음과는 달라졌기 때문이다.

시간은 마법처럼 사랑을 변하게 한다.

처음 만났을 때 행복했던 기억이 남아 있다고 그때 감정이 실제 지금의 감정은 아니다. 우리의 마음은 계절처럼 늘 변화되면서 순환하는데 우리는 매년 찾아오는 봄을 지난봄과 같은 것이라고 착각한다.

봄은 봄이지만 한 번도 같은 봄은 온 적이 없다.

우리의 마음도 늘 계절처럼 변화된다.

그래서 그때 그 시간에 만났었던 그와 지금 이 시간에 만난 그는 같은 사람이 될 수 없는 것이다. 한 번 훼손된 기억은 이미 타버린 재가 되어 다시는 불꽃이 되어 타오를 수 없다.

화(火)의 사랑은 커피처럼 처음에는 뜨겁고 향기롭지만
금세 식어서 향기조차 잃어버린다.

화(火)는 열정이 있지만 금세 식는 아쉬움이 있다

화(火)는 열심히 행동하고 집중하며 확산하고 팽창하는 에너지이다. 힘이 넘치고 지칠 줄 모르는 청년처럼 강력한 기운을 발산하며 용감한 장수가 전쟁에 임하듯 물러섬 없이 맹렬히 싸운다.

그러면서도 사랑하는 마음이 생기면 한없이 약해져 촛불처럼 스스로 녹아내리는 존재가 되기도 하고 사랑받는 느낌이 들면 수줍은 사춘기소녀처럼 약하고 작은 존재가 되기도 한다.

화(火)는 겉보기에는 매우 급하고 맹렬할 것 같지만 평소에는 침착하고 예의 바르며 사리분별이 정확하고 바다 위에 떠 있는 태양처럼 풍요롭고 평화롭기도 하다.

그러나 예의에 어긋나거나 불의를 봤을 때는 마치 거대한 화산이 대폭발을 일으켜 온 천지를 용암으로 뒤덮듯이 그 위력이 무섭고 맹렬하다.

성격적으로도 추진력과 표현력은 좋으나 허세가 있고 실수가 많은 편이다. 화(火)는 만물의 생명을 키워내는 에너지의 근원이다. 따라서 늘 변화를 주도하고 열심히 만들며 고치는 일에 재능이 있다.

사회적으로는 대범함과 열정이 있어 일단 시작하면 속도감 있게 일이 진행되며 한 가지 일에 꽂히면 집중력 있게 뚫고 들어가는 힘이 있고 한 번 마음을 정하면 충성과 의리를 지키는 모습을 보인다.

심리적으로는 상대방을 많이 의식하는 편이고 사람들과 어울리기 좋아하며 개인적으로 주목받는 것을 선호한다. 그러나 신경이 예민하여 다소 신경질적이고 외로움을 잘 느끼는 편이다.

허세가 있고 판단이 너무 빨라 사기당하기 쉽고, 겉모습은 외향적으로 보이지만 속마음은 내성적이고 자기중심적이어서 외톨이가 되는 경우도 있다. 또 열정적이며 무엇이든 열심히 하지만 효율성이 떨어질 수 있으며 조급함으로 인해 실수가 많은 편이다.

• 키워드 : 속도감, 역동적, 능동적, 예의, 화려함, 허세,
열정, 다혈질, 직진, 공허함

토(土)의 사랑 (편안하지만 따분한 중년의 사랑)

- 봄여름 가을 겨울에 태어난 청춘남녀 (환절기)

  (4월(봄) 7월(여름) 10월(가을) 1월(겨울))

토(土)는 모든 오행을 담고 있는 그릇 역할과 다음 계절로 넘어갈 수 있는 통로(문)의 역할을 한다. 따라서 모든 토는 각 계절에 따라 봄 여름 가을 겨울의 기운도 함께 지니고 있다.

4월의 토(土)는 봄의 기운이 있는 토,

7월의 토(土)는 여름의 기운이 있는 토,

10월의 토(土)는 가을의 기운이 있는 토,

1월의 토(土)는 겨울의 기운이 있는 토가 된다.

토의 사랑은 안전하고 편안하지만 열정이 약하다. 토의 사랑에서 가장 중요한 것은 표현하고 행동하는 것이다. 표현하지 않는 사랑은 포장 안 된 선물과 같다.

내 마음을 알아주기 바란다면 미루지 말고 지금 말해야 한다. 깊이 저장되어 있는 사랑은 안정되어 있지만 반짝이지 않는다. 반짝이지 않는 사랑은 지치고 변질되기 쉽다.

토(土)의 연애는 모든 것을 받아들이고 저장하며 헌신적인 모습을 보인다. 헌신은 고맙지만 감동적이지 못하고 숭고하지만 행복하지 않다.

사랑과 헌신은 비슷해 보이지만 같은 것이 아니다. 그렇지만 때로는 헌신도 필요할 때가 있고 사랑만큼 반짝일 때도 있다. 다만 사랑과 헌신은 분명히 구분해야 한다.

사랑은 상대가 원하고 바라는 것을 그에게 주는 것이고,
헌신은 내가 원하고 바라는 것을 그에게 주는 것이다.

토(土)의 사랑은 집처럼 처음에는 편안하고 안전하지만

시간은 집을 감옥으로 만들 수도 있다.

토(土)는 안정적이지만 김빠진 탄산음료 같다

토(土)의 기본적인 성향은 움직이는 것을 싫어하고 자기성향이 분명하진 않지만 고집은 대단히 강한 편이다. 주로 자기주장을 드러내기보다는 타인과 타인 사이에서 교환, 중재 역할을 잘하고 늘 너그럽고 믿음직한 모습을 보인다.

따라서 연애를 할 때도 신뢰감과 책임감이 있어 보여 상대에게 안정감을 주는 장점은 있지만 화가 나면 쓸데없이 고집을 피우거나 소심하게 뒤끝을 보일 수 있고 오래가는 편이다.

사회적으로는 저장하기를 좋아하고 급격한 변화를 조절해 주는 기능이 있어 다소 느려 보일 수 있지만 실수가 적고 일 처리가 완벽한 편이다.

그러나 평온한 땅속에는 무엇이 들어 있는지 알 수가 없다. 모든 것을 다 품어주는 대신 안에서 다시 무엇이 나올지 예측할 수 없다.

물을 막아두고 있다가 물을 뿜어내기도 하고 불을 담고 있다가 용암을 토해내기도 한다. 인자한 어머니 같은 모습 뒤에 감춰진 또 다른 얼굴인 이중성이 있는 것이다.

겉보기엔 늘 그대로의 모습처럼 있지만 속에서는 끊임없이 변하는 것이 바로 토(土)이다. 사랑에 있어서도 토가 강하면 지나치게 보수적이고 융통성이 없으며 자기 고집대로만 일을 처리하려는 성향을 보이고 토가 약하면 불안정하고 믿음이 없으며 의심이 많아진다.

그러나 토(土)가 적당히 있으면 충분한 물과 햇살을 받아 생성된 기름진 땅처럼 무엇을 뿌려도 뿌린 대로 수확할 수 있는 생산적이고 효율적인 모습이 된다.

혼인생활에 있어서도 자신의 생각만을 고집하지 않고 늘 상황에 맞게 자신을 변화시킬 줄 알고 상대에 대한 깊은 배려와 애정을 지니고 있다.

- 키워드 : 신뢰감, 이중성, 성실성, 안정감, 너그러움,
  중재역할, 이해와 배려심, 수동적 태도

금(金)의 사랑 (완벽하지만 예민하고 차단된 사랑)

• 가을에 태어난 청춘 남녀 (8월 9월 10월생)

금(金)의 사랑은 차갑고 냉정해 보이지만 따뜻하고 현실적이다.

이미 치열한 과정을 지나 결실을 맺어 베풀 줄 알고 여유가 있다. 연애는 열정만 있으면 되지만 결혼은 열정과 책임이 모두 필요하다. 금(金)의 사랑은 정돈된 열정과 책임을 갖춘 무거운 사랑이다.

사랑이 깊어지면 점점 색을 잃고 투명해진다. 투명해진 사랑은 모든 색을 담을 수 있고 모든 색이 될 수 있다. 그래서 투명해진 사랑은 눈으로 보이지 않지만 더 선명하게 느낄 수 있게 되는 것이다.

그러나 사랑을 눈으로 확인하려 할 때 집착이 될 수 있다. 보지 않고 믿을 수 있어야 한다. 눈을 가린 채 뒤로 쓰러져도 두렵지 않은 것, 그것이 사랑이다. 사랑의 가장 큰 적은 의심이다. 아무리 견고한 믿음도 작은 의심 하나에 균열이 생기게 된다.

금(金)의 기본적인 성향은 목표 지향적이고 과정보다는 결과를 중요하게 생각하며 항상 주변에 경쟁자들이 많아 심리적으로 긴장감과 전투적인 성향을 지니고 있어 예민하다.

금(金)의 사랑은 반지처럼
처음에는 믿음으로 굳건하지만
의심은 곧 그 굳은 믿음을
너무 쉽게 무너뜨린다.

금(金)은 믿음과 재능이 있지만 차갑고 냉정해 보인다

금(金)은 연애에 있어서도 경쟁력이 있는 상대를 선호하고 그 상대를 차지하기 위해 자신을 꾸미고 포장하는 데 많은 시간과 정성을 사용한다.

그러나 이미 인기가 있어 경쟁이 치열한 상대와 사귀는 것은 실패할 가능성도 높고 설령 성공한다고 해도 관계를 유지하는 데 어려움이 많이 따른다. 기본적인 성향은 남녀 간 애정뿐 아니라 의리를 중시하고 한 번 마음을 주면 잘 변하지 않고 끝까지 신의를 지키려는 경향을 보인다.

또한 결과 중심적이어서 과정이 어렵더라도 분명한 결과가 있는 일과 사랑을 선호하며 모진 풍파를 맞으며 우뚝 서 있는 산이나 바위의 형상처럼 안정감과 신뢰감이 있다.

금(金)이 지나치게 많은 사람은 융통성 부족과 고집이 센 것이 단점이며 화가 나면 폭력적인 모습을 보이기도 한다.

그러나 금(金)이 적당히 있어 제 역할을 하는 사람은 신의와 중용을 지킬 줄 알며 절대 먼저 배신하는 법이 없고 맡은 바 임무를 최선을 다해 완수해 내며 책임감이 무척 강하다.

우직한 성품으로 연애할 때는 별로 매력적이지 않은 상대로 보일지 모르지만 일단 가정이 생기면 한눈팔지 않고 가정에 충실한 가장의 역할에 최선을 다한다.

그러나 금(金)이 부족하면 우유부단하고 결단력이 없으며 시작만 있고 마무리가 잘 안 되는 무능력한 사람이 될 수 있다.

금(金)의 여성의 경우 미인이 많고 수(水)와 만나면 이성으로부터 유혹을 많이 당한다. 아름다운 만큼 대접받기를 원하지만 만족스럽지 못할 때 화려한 장신구는 흉기로 돌변하기도 한다.

가장 아름다운 존재가 가장 잔인한 존재로 변할 수 있는 것이다.

• 키워드 : 목적지향, 의리, 신의, 결과중심, 현실감, 추진력,
결단력, 차별, 인간관계 단절, 시련과 고통

수(水)의 사랑 (은밀하고 낭만적인 에로스)

- 겨울에 태어난 청춘 남녀 (11월 12월 1월생)

수(水)의 사랑은 한여름 밤의 꿈처럼 우아하고 감미롭다.

수(水)는 밤하늘의 은하수처럼 넓고 깊은 무한의 바다이다. 그래서 수(水)의 사랑에는 한계가 없다. 감히 불가능한 것에 도전할 수 있으며 모든 것을 버리지만 가장 많은 것을 담을 수 있다.

세상에 존재하는 가장 은밀한 계획을 꿈꾸고 설계하여 꿈을 이룰 수 있는 기운을 지니고 있다. 그러나 꿈이 이루어지기 위해서는 꿈을 현실로 바꿀 수 있는 도구가 필요하다.

그러나 수(水)는 그 도구를 스스로 만들 수 없는 고통을 안고 있다. 가장 위대하면서도 초라하고 가장 아름답지만 고독할 수 있는 꿈결 같은 사랑이다. 수의 사랑은 오직 사랑으로만 채울 수 있다. 사랑이 없는 삶은 구멍 난 항아리처럼 그 무엇으로도 채워지지 않는다.

수(水)는 사랑이 없는 곳에서 살 수 없는 존재이다. 어둡고 긴 밤의 공간에서 유일한 희망은 꿈꾸는 것이다. 따뜻한 기억이 가슴에서 오래되면 반짝이는 별이 되듯이 수의 사랑은 어둠속에서 빛나는 별이다.

수(水)의 사랑은 꿈처럼 처음에는 감미롭지만
꿈은 한순간 물거품이 되어버린다.

수(水)는 어둡지만 한계가 없는 사랑이다

수(水)의 사랑은 꿈과 이상을 추구하며 생각이 깊고 철학적 성향이 강하다.

수(水)는 밤의 영역이다. 밤은 어둠을 만들고 어둠은 꿈처럼 가상의 세상 속에서 자유롭고 다채로우며 광범위하다.

꿈꾸는 것을 현실로 연결시킬 수 있다면 세상을 변화시키는 가장 위대한 발명이나 발견이 될 수도 있다. 연애에 있어서도 자유롭고 다양하며 포용력이 있어 아름답고 설레는 마법을 잘 만들어 내기도 한다.

수(水)는 꿈과 지혜를 상징하고 생명이 강하게 응축된 기운이다. 사람들과 어울리기를 좋아하고 정신적인 교류를 통해 서로의 공통분모를 잘 만든다.

지나치면 가스라이팅(gaslighting)이나 세뇌 같은 부작용이 발생하기도 하지만 적당히 발달했다면 철학적, 인문학적 기운이 잘 발현된다.

사회적으로는 계획하거나 연구, 모사 등으로 두뇌역할 하기를 좋아하며 상황에 맞게 변화하고 적응하는 유연성을 지니고 있다.

수(水)가 지나치게 많거나 탁해지면 권모술수에 능해 남을 모함하고 비밀이 많아 늘 불안해하며 탐욕스러운 노인처럼 행동하기 쉽고, 수가 부족하거나 사방에 막혀 있으면 부정적이고 우울하며 혼자 정신적으로 무기력해지기 쉽다.

여성의 경우 신경이 예민한 편이며 남성의 경우는 우유부단한 면이 있다. 남녀 모두 나서기를 싫어하고 소극적이고 내성적인 성격이 많다.

수(水)는 생명과 생각의 세계이다.

너무 생각이 많다 보면 실천력이 떨어지는 단점이 생기고 결단력 부족이 되기 쉽다. 지나친 처세술로 인해 신뢰가 떨어질 수 있는 것도 문제지만 정신적으로 불안정하고 부정적인 것은 최악의 상황이 만들어질 수 있으므로 항상 주의해야 한다.

- 키워드 : 자기희생, 유연성, 부드러움, 지혜, 은밀함,
  우유부단, 행동력 부족, 정신적인 불안정

오행별
연애 장단점

사랑은 오답이 없고 각각 다른 정답만 있다.

어떤 문제의 해답도 사랑이 없으면 0점

사랑이 있으면 100점이다.

오행(목 화 토 금 수)의 기운은 그 사람이 지니고 있는 타고난 천성이다. 기본적인 성격, 성향, 재능, 능력 등 본질적인 모습을 나타낸다. 그래서 오행의 기운은 때 묻지 않은 어린아이처럼 순수한 기운부터 노인의 경험과 지혜까지 다양하게 나타난다.

따라서 오행의 연애에서 각기 다른 특성들이 어떻게 만나 서로 보완되고 성장하며 변화되는지 살피는 것이 중요하다.

오행은 시간이고 계절이며 늘 새롭게 변화한다. 아침 점심 저녁 밤의 모습이 다르고 봄여름 가을 겨울의 모습이 다른 것은 생명이 성장하고 있기 때문이다. 사람의 마음도 살아 있어서 변화를 겪는 것이다.

아직도,
같이 하고 싶은 것들이
많이 남아 있다면
사랑은 청신호 중···.

연애의 적신호는 게으름

우리는 지금 254일째 연애 중
오늘은 어디 가서 놀까?

목(木)의 연애 특성

| 장점 |

아이처럼 순수하고 맑은 기운으로 조건 없이 사랑을 한다. 의지와 추진력이 강하고 이해관계에 얽매이지 않는다.

실수나 잘못까지도 사랑스러울 만큼 악의가 없고 생각이 단순한 편이어서 애틋한 모성애를 일으킨다.

연애나 결혼 후에도 변함없이 아이 같은 모습을 유지하며 순수하고 착하게 처음과 같은 느낌으로 오랜 시간 동안 사랑을 유지하게 된다.

| 단점 |

어린아이처럼 철이 없고 생각은 단순하고 짧은데 추진력이 강해 쉽게 일을 벌이기 때문에 실수나 실패가 많고 현실성이 다소 약하여 말이 앞서고 실행력은 다소 떨어진다.

언행이 가볍고 책임감이 약한 편이어서 언행일치가 안 되는 경우가 많으며 이것저것 일을 시작하지만 마무리가 잘 안 되어 결혼생활 중에 경제력이 문제가 될 소지가 크다. 말이 앞서는 경우가 많아 신뢰감을 주기 어렵다.

화(火)의 연애 특성

| 장점 |

연애든 결혼이든 일단 시작하면 깊은 몰입감과 빠른 속도감이 있고 열정적이며 표현력이 강해 첫눈에 반하는 등 강력한 흡입력이 있다. 따라서 단기적으로는 연애나 결혼 초기에 빠르게 사랑에 깊이 빠질 수 있고 강렬한 행복감을 느낄 수 있다.

기본적으로 성격이 밝고 예의가 바르며 정의심이 있어 상대를 보호하려는 심리가 발동되며 항상 에너지가 넘치고 활력적이다.

| 단점 |

연애 초기에는 허세와 자신을 과신하는 성향이 있어 결혼 이후 현실과 달라 분쟁의 소지가 있다. 또 감정기복이 심하여 심리상태가 급격히 변화될 수 있으며 급한 성격으로 싸움이 잦을 수 있다.

열정과 표현력은 화가 나면 자칫 분노와 폭력으로 변화할 수 있다. 화(火)가 강한 사람은 급한 성격이 가장 문제일 수 있다. 금세 뜨거워지고 식는 경향이 있어 상대를 불안정하게 만들고 자신의 성과나 능력 등 보이는 것에 집착하게 되면 실수가 많아질 수 있다.

토(土)의 연애 특성

| 장점 |

안정감이 있고 한결같아 심리적으로 깊은 편안함을 준다. 연애 상대보다는 결혼 상대로 적합하며 미래를 대비하고 매사 마무리가 잘되는 편이어서 현실적으로 가장 신뢰가 가는 배우자감이다.

자신이 한 약속은 반드시 지키려는 성향이 있다. 또한 다소 연애 속도가 느리게 보이지만 깊이가 있고 충성심이 있어 쉽게 배신하거나 식지 않는 특징을 보여주기도 한다.

| 단점 |

연애 패턴이 단조로워 매너리즘에 빠지기 쉬우며 따분하고 심심한 개성이 없는 연애가 될 수 있다. 즉 안정감과 편안함은 권태로운 연애로 변질될 수 있고, 이성 간에 열정은 없고 책임과 의무만 남을 수 있다.

다소 고집이 세고 뒤끝이 있어 한번 싸우면 오래가는 경향이 있다. 토(土)가 지나치게 많으면 자기주장이 강하고 사람들과 소통이 안 되어 외롭게 혼자 사는 경우가 많다.

금(金)의 연애 특성

| 장점 |

중요한 결정이 필요한 순간에 과단성과 책임감 있는 모습을 보이며 부부간에도 신의와 의리를 지키려는 모습을 보인다. 자신을 포장하고 광고하는 데 재능이 있어 연애가 즐겁고 낭만적일 수 있다.

금(金)은 겉과 속이 같은 편이고 솔직 담백한 편이어서 보여지는 모습에 숨김이 적고 자신을 예쁘고 가치 있게 포장을 잘하는 편이다. 약속을 잘 지키고 한 번 내뱉은 말은 지키려는 모습을 보이며 추진력이 강해 상대에게 안정감을 준다.

| 단점 |

금(金)이 강한데 제어할 수 있는 도구가 없으면 폭력적인 성향이 나올 수 있고 자신을 포장하고 꾸미는 것에 집중하다 보면 실속이 떨어질 수 있다. 또한 금의 기운이 없거나 약할 경우, 다른 이성의 유혹에 취약할 수 있고, 금이 강하면 성격이 까칠하고 예민하여 연애 중에 스트레스가 많을 수 있다.

사소한 다툼에서도 한번 나쁜 기억이 생기면 잘 잊지 못하며 사람을 구분하고 차별하는 습관이 있어 다소 차갑고 냉정해 보일 수 있다.

수(水)의 연애 특성

| 장점 |

이성 간에도 상대를 받아들이고 수용하여 마음이 깊고 이해심이 넓은 편이며 성격이 유연하고 고요하여 상대를 편안하게 만들어 주는 성향이 있다.

연애 기간이 가장 오래가는 편이며 잘 변하지 않는 특성을 지니고 있다. 그만큼 참고 인내하며 상대를 이해하려는 마음이 있는 것이다. 연애나 결혼생활 동안 다채롭고 상상력이 풍부하며 낭만적인 모습을 보이기도 한다.

| 단점 |

속이 깊은 만큼 그 속을 가늠할 수 없어 답답한 경우가 많고 의심과 쓸데없는 걱정이 많아 상대를 지치고 피곤하게 만들 수 있다. 그 중에서도 가장 문제가 되는 것은 의심과 음모 등으로 사실과 다르거나 보이지 않는 것에 집착하는 것이다.

또 수(水)가 강할 경우 열정이 부족하고 우울한 기운으로 연애의 설렘이 약해질 수 있으며 성적으로 문란해질 수 있고 생각이 부정적으로 흐르는 경향을 보이기도 한다.

띠 궁합
(만나야 할 인연)

서로 각자 띠(년)로 보는 궁합형식

가장 오랜 역사와 전통을 자랑하는 궁합형식으로 약 1500년 전부터 사용되어 왔던 것으로 추정된다. 궁합 보는 방법이 매우 간편하고 단순해서 누구나 쉽게 판단할 수 있는 것이 장점이지만 개인에 관한 문제인 정신, 가치관, 성격, 재능 등을 해석하는 데는 다소 아쉬운 점이 있다.

그러나 그럼에도 불구하고 궁합을 판단하는 방식 중에 최고의 가성비를 지니고 있어 현재까지 많이 애용되고 있다.

태어난 년(年)에 의해 궁합을 보는 방식으로 주로 대외적으로 보여지는 부부관계를 나타내며 조상이나 집안 간에 인연이 깊고 사회적인 연관성이 있다. 대외적인 모습이란 남들에게 보여지는 모습이다.

즉 가까운 친인척, 친구, 동료, 이웃, 방송, 소문 등 타인에 의해 판단되는 대외적인 모습이다. 예를 들면 제3자에 의해 '저 부부들은 참 잘 어울려' 혹은 '저 커플은 궁합이 잘 맞아' 등의 평가를 받는 것이다.

실제로 띠 궁합이 맞는 부부나 연인들은 남들 앞에서는 사이좋은 모습을 보여주거나 약간의 연기가 첨가되기도 한다. 즉 남들에게 보여지는 모습을 중요하게 생각한다는 의미이다.

띠 궁합을 볼 때 가장 주의해야 할 점은 먼저 각자 띠의 기본적인 성향을 파악하는 것이다. 원재료가 어떤 특성과 맛을 내는지 알아야 재료 간의 보완과 조화를 적절하게 이룰 수 있기 때문이다. 우리 속담에 음식에도 궁합이 있다고 한다.

음식 상호 간에도 영양과 맛의 특성이 다르기 때문에 서로 부족함을 채우고 과한 것은 억제하여 조화와 균형을 이루려는 것이다. 12개의 띠도 음식처럼 각각의 맛과 특성이 모두 다르고 상호 보완되고 협동하는 띠들이 정해져 있다.

띠의 동물형상은 쥐, 소, 호랑이, 토끼, 용, 뱀, 말, 양, 원숭이, 닭, 개, 돼지로 구성되어 있고 각각의 동물들은 다른 개별적인 성향과 모습으로 서로에게 약이 되기도 하고 독이 되기도 한다. 따라서 각자 해당 동물 띠의 개별적 특징을 알아보고 이에 맞는 띠 궁합을 찾아보자.

띠별 동물의
특성과 성향

쥐띠 (아들 자 子)

쥐는 모성애가 강하고 가족 중심적이며 지혜롭고 부지런하며 약삭빠른 동물이다. 가족과 조직사회에서 위계질서를 중요하게 생각하며 규칙과 규율도 까다롭고 엄한 편이다.

쥐는 앞과 뒤의 발가락 수가 다르다. 그래서 마음이 잘 변하고 음모를 잘 꾸미며 다른 사람에게 보여지는 모습과 실제 모습이 다를 수 있다. 남을 이용하거나 의지해서 자신의 이익을 추구하는 경향이 있으며 말이나 생각에 비해 실제 행동은 소심하고 소극적인 편이다.

겁이 많고 의심이 있어 남을 잘 믿지 않고 2번, 3번 확인하는 것을 좋아하며 잔소리가 있는 편이다. 쥐는 작고 볼품없고 혐오의 대상이 되기도 한다. 그래서 어둡고 비밀스러운 것을 선호하며 성격도 음침하고 우울한 편이다. 그러나 어둠은 정신적인 영역을 발달시켜 타인의 정신적 지주가 되거나 지배를 할 수 있어 정치인, 종교지도자, 철학자, 최면술사 등의 기운을 지니고 있다.

쥐는 추운 한겨울이다.

쥐는 오행으로 자수(子水)이며 겨울의 한복판으로 모든 만물이 가장 응축되고 축소되어 있는 시기이며 심리적으로도 가장 소심해지는 모습을 보인다. 예로부터 아들 자(子)의 의미는 자손이 번창하고 귀한 아들을 갖게 된다고 하여 하늘이 내려준 보물이라고 하였다.

성향은 비밀스럽고 은밀한 기운이 있으며 가족 중심적이고 사교적이면서도 인간관계의 폭이 넓은 편은 아니다. 특히 속을 알 수 없는 경우가 많고 배우자에게도 개인적인 얘기를 모두 오픈하는 것을 싫어하여 친근하면서도 배타적이고 독립적이면서도 의존적인 이중성을 지니고 있다.

따라서 겉과 속이 다른 사람이라는 오해를 많이 받기도 하고 남을 이용해 자신의 이익을 추구한다고 비난을 받기도 한다. 그러나 비밀 유지가 잘 되고 사람을 편안하게 만들어 주는 어둠(휴식)의 역할을 잘 해주는 편이다.

계절	한겨울 (Winter)
월별	12월 초 (대설) ∼ 1월 초 (많은 눈이 내리는 시기)
시간	오후 23:30 ∼ 다음 날 오전 01:29
방향	북쪽 (North)
색깔	검은색 (Black)
행운 수	1, 6
자원의 의미	천귀성(天貴星) : 아들이 태어나면 귀한 신분이라는 의미가 있으며 야행성과 은밀한 기운이 있어 말 못 할 비밀이 많은 편이다.
성향	모성애, 가족중심, 잔꾀, 신중함, 은밀함, 다산, 선명성, 보수적, 소심함, 어둠의 공간, 여리고 차분한 성정
직업	패션, 디자인, 예술, 선생, 상담, 직장인, 전업주부 등이 잘 어울린다.

소띠 (소 축 丑)

소는 근면 성실하고 우직하며 인내와 끈기를 지닌 동물이다. 예로부터 소는 인간에게 신성시되는 영물로 국가가 직접 관리하였고 현재에도 일부 국가에서는 소를 숭배하여 소의 식용을 법으로 금지하고 있다. 소와 인간의 역사는 농사와 함께 발전해 왔다.

소는 인간을 대신해 노동력을 제공하고 고기, 우유, 가죽까지 아낌없이 주고 떠나는 고마운 존재인 것이다. 그러면서도 속담에 쇠고집이란 말이 있다. 평소에는 온순하고 성실한 소이지만 한 번 고집을 피우면 아무도 못 말릴 만큼 고집이 강하기 때문에 붙여졌다.

그래서 소의 머리에는 고집의 상징인 뿔이 나 있고 화가 난 소는 뿔로 상대를 들이받아 다치게 할 수 있다. 쇠뿔도 단김에 빼라는 말이 있는데 이 말의 의미는 기회가 왔을 때 놓치지 말고 단번에 성취하라는 의미가 담겨 있다. 즉 무모한 고집 때문에 좋은 기회를 놓칠 수 있고 인간관계를 훼손할 수 있어 사전에 예방하라는 의미인 것이다.

소는 겨울의 끝자락이다.

소는 오행으로는 축토(丑土)이며 겨울의 끝자락으로 인간이 체감적으로 가장 춥게 느껴지는 시기이다. 비록 만물은 아직 꽁꽁 얼어붙어 있지만 땅속에서는 새 생명이 나올 준비를 하고 있는 희망의 시기이며 사람으로 비유하면 만삭 상태의 임산부라고 할 수 있다.

성향은 근면 성실의 아이콘으로 일생 동안 묵묵히 맡은 바 책임을 다하는 모습을 보이며 가족애가 강하고 재물을 보관하고 유지하는 능력이 있다. 성격은 소극적이지만 밝고 명랑하며 지혜가 있어 연애나 결혼생활에 힘든 일이 생겨도 상대방에게 잘 맞춰주는 성향이다. 하지만 참다가 한 번 폭발하면 막을 수 없을 정도로 욱하는 성향이 강하기 때문에 주의해야 한다.

잔병치레가 잦고 여성의 경우 산액과 수술수를 지니고 있어 몸에 흉터가 남는 경우가 많다. 이는 만삭의 여인이 태아를 보호하기 위해 일체의 약을 먹지 않고 고통을 참고 견디는 형상이라고 할 수 있다.

# 소 축(丑)

계절	늦겨울 (Winter)
월별	1월 초 (소한) ∼ 2월 초 (만물이 얼어붙은 시기)
시간	오전 01:30 ∼ 오전 03:29
방향	중앙 (In the middle)
색깔	황토색 (Yellow, Brown)
행운 수	0, 5
자원의 의미	천액성(天厄星) : 선천적으로 아프고 장애가 많아 붙여진 이름이지만 근면, 성실을 무기로 부자도 많고 사회적으로 성공한 사람들도 상당수 있다.
성향	현실적, 공간, 잔소리, 뒷담화, 외고집, 수술수, 병고, 인내심, 끈기, 고생, 근면, 성실, 저장, 원한, 수동적인 성향
직업	농사, 자영업, 공직, 직장인, 선생, 전업주부, 세무회계, 의료인, 상담 등이 잘 어울린다.

호랑이띠 (범 인 寅)

호랑이는 동물의 제왕이며 산속의 임금이라고 불린다. 강력한 힘과 예리한 사냥 본능이 결합되어 있으며 큰 산 전체가 자신의 구역일 정도로 포부나 스케일도 큰 편이다.

주로 야간에 활동하며 한 번의 먹이 사냥으로 지나치게 많은 양을 먹어 폭식, 과식하는 경우가 많기 때문에 위장장애가 흔하게 나타난다. 호랑이는 영역동물로써 자신의 구역에 함부로 들어온 동물은 설령 그것이 형제일지라도 용서하지 않는다.

따라서 연인, 형제, 친구 사이에도 자신만의 공간과 시간이 필요하고 지켜야 할 법칙, 예의, 선이 있다. 권력욕이 강하고 간섭받기를 싫어해서 독립적인 성향을 보인다. 그러면서도 아이처럼 순수하고 단순하여 주변의 도움을 잘 받는 편이다.

호랑이는 추운 초봄의 기운이다.

호랑이는 인목(寅木)의 기운으로 아직은 추운 초봄에 꽁꽁 얼어 있던 땅을 뚫고 나온 강인한 새싹이다. 마치 스프링처럼 강한 반발력으로 여러 가지 장애를 극복하고 세상 밖으로 자신을 드러낸 것이다.

그래서 인(寅)은 차가운 겨울의 한기가 아직 남아 있는 시기로 고난과 시련이 있고 이를 이겨내는 저항의 심리를 지니고 있다.

얼어붙은 땅을 뚫고 나오는 새싹처럼 강한 의지를 지니고 있으며 때로는 독선적이고 권력 지향적인 성향이 나타나기도 한다.

시작을 잘하고 추진력이 있으며 행동력이 다소 앞서는 경우가 많아 실수가 잦은 편이고 앞만 보며 돌진하는 성격으로 인해 연애할 때 속도감이 있다. 또한 현재의 상황이나 모습을 바꾸려는 성향이 강해 사랑에도 늘 변화에 대한 갈망이 있으며 지루하고 반복적인 연애형태를 벗어나려는 심리가 강하다.

범 인(寅)

계절	이른 봄 (Spring)
월별	2월 초 (입춘) ~ 3월 초 (생명이 시작되는 시기)
시간	오전 03:30 ~ 오전 05:29
방향	동쪽 (East)
색깔	청색 (Blue, Green)
행운 수	3, 8
자원의 의미	천권성(天權星) : 강한 의지와 행동력으로 목표지향적인 성향을 보이며 생각하면 바로 실행하는 거침없는 모습을 보인다.
성향	강한 의지, 돌파력, 추진력, 역동성, 적극성, 저항성, 시작, 과단성, 정신력, 자기중심적 성향
직업	검찰, 군인, 경찰, 세무사, 운동선수, 정치, 예술, 선생 등의 직업이 잘 어울린다.

토끼띠 (토끼 묘 卯)

토끼는 초식동물로 포식자로부터 언제 공격받을지 몰라 공포와 경계심으로 늘 예민하고 불안해한다. 그래서 암수가 사랑을 나눌 때도 포식자의 공격을 의식하여 재빠르게 관계를 끝내며 이를 비유하여 부부관계가 빨리 끝나는 사람을 두고 토끼라고 부르기도 한다.

토끼는 외모적으로는 귀엽고 사랑스럽지만 실제 성격은 사납고 이기적이며 예민한 동물이다. 그래서 보이는 모습에 현혹되어 접근했다가 큰 낭패를 보는 경우가 많으며 변덕과 의심이 강해 배우자와 다툼이 잦고 이별하는 경우가 많다. 토끼는 주로 땅속에 여러 개의

굴을 파고 사는데 이는 육식동물의 공격을 피하고자 하는 목적도 있지만 자신의 모습을 감추거나 비밀스러운 성격 때문이기도 하다.

그래서 토끼는 새끼를 출산할 때도 은밀하게 진행하며 만약 들켰을 때는 날카로운 이빨로 새끼를 물어 죽이는 경우도 발생된다. 토끼는 새로운 것에 대한 호기심과 강한 색욕의 기운을 지니고 있어 이성관계가 복잡해질 수 있다.

토끼는 만물이 번성하는 봄의 기운이다.

토끼는 묘목(卯木)의 기운으로 봄에 태어난 초목이다.

묘(卯)는 봄에 잔뜩 피어난 들판의 무수한 잡초의 형상을 하고 있다. 계절로 보면 묘목은 완연한 봄의 시기로 외형적으로는 가장 사랑스러운 모습을 하고 있으나 내면적으로는 예민하며 날카로운 성향을 감추고 있다.

기본 성격은 자기중심적이고 이기적이며 개인적인 시간과 공간이 중요한 특성을 지니고 있다. 어린아이처럼 번잡스러운 기운을 지니고 있어 여러 이성에 호기심이 많고 실제 행동도 다양하고 복잡스러워 한 사람에게 올인하는 집중력이 다소 떨어지는 편이다.

선택에 대한 불안함으로 인해 변덕과 조급함이 생기고 시기와 질투심 등이 강하여 스스로 의심을 만들기도 한다. 그래서 묘목은 한 사람을 잘 신택하고 집중하는 것이 가장 중요한 성공의 열쇠이다.

계절	완연한 봄 (Spring)
월별	3월 초 (경칩) ～ 4월 초 (만물이 펼쳐지는 시기)
시간	오전 05:30 ～ 오전 07:29
방향	동쪽 (East)
색깔	청색 (Blue, Green)
행운 수	3, 8
자원의 의미	천파성(天破星) : 불안함으로 인해 의심이 많고 번잡스러운 성향으로 한 가지 일에 몰두하기가 어려워서 성공이 쉽지 않다.
성향	호기심, 성급함, 색욕, 생명력, 무성함, 변덕, 예민함, 영리함, 불안정성, 조숙함
직업	직장인, 선생, 의사, 영업, 상담, 승무원, 연예인, 예술계통의 직업이 잘 어울린다.

용띠 (별 진 辰)

용은 화창한 봄날을 의미하며 꾸미기를 좋아하고 멋과 권력을 추구하는 기운이 있다. 몸은 큰 뱀과 같고 비늘은 물고기를 닮았으며 뿔은 사슴, 귀는 소, 코는 돼지를 닮았다고 한다. 그중에 코가 가장 마음에 안 들어 돼지를 원망하고 미워한다고 한다. 멋과 외모를 중요하게 생각하는 용의 성향을 잘 보여주는 대목이다.

예로부터 용은 신비롭고 성스러운 기운의 상징으로 왕에 비유되기도 하였다. 권력에 대한 집착이 강하고 모사에 능하며 순발력이 좋아 어려운 상황을 잘 극복하며 위기를 기회로 바꾸는 능력이 뛰어나다.

그러나 결정적인 순간에 우유부단하고 결정 장애가 있어 다 된 일을 망치는 경우가 종종 발생한다. 용은 상상의 동물로 꿈과 이상이 높고 자존심이 강한 영물이다. 따라서 자존심을 건드리면 맹렬하게 싸우는 경향이 있으며 칭찬과 격려에는 아이들처럼 착하고 순수해지기도 한다.

용은 변화가 있는 늦봄이다.

용은 진토(辰土)이며 봄과 여름을 연결시켜 주는 통로(문) 역할을 한다. 진(辰)은 완연한 봄으로 꽃들이 활짝 핀 눈이 즐거운 시기이다. 높은 이상과 멋을 추구하고 고집과 지략이 있으며 자존심이 강하고 허세와 자만심이 있다. 여성은 시기와 질투심이 강한 편이고 남성은 모사와 꾸미기를 좋아한다.

용은 영리하지만 실수가 많고 변덕이 있어 자칫 다 된 일도 수포로 돌아가게 만드는 경우가 많다. 자기 꾀에 자신이 넘어가지 않게 조심해야 하며 쓸데없는 자존심으로 인해 손해 보는 일이 많다.

외향적인 성향으로 아름다운 것을 추구하나 마음이 환절기 날씨처럼 변화가 심하여 이성에 대한 의심이 많고 시기 질투심이 강한 특징이 있다. 용은 영리하여 스스로 자만하는 성향이 있으며 말이 상황에 따라 쉽게 바뀔 수 있는데, 생각에 비해 행동은 소심한 편으로 타인을 이용하거나 의존하려는 기운이 있다.

계절	늦봄 (Spring)
월별	4월 초 (청명) ~ 5월 초 (만물이 활짝 피어나는 시기)
시간	오전 07:30 ~ 오전 09:29
방향	중앙 (In the middle)
색깔	황토색 (Yellow, Brown)
행운 수	0, 5
자원의 의미	천간성(天姦星) : 간사하다는 의미를 지니고 있지만 이는 모사와 지략이 뛰어난 것에서 유래되었다. 다만 지나치게 계략을 꾸미다 보니까 나쁜 이미지가 고착화된 것으로 보인다.
성향	꿈과 높은 이상, 멋, 허세, 사치, 유흥, 지략, 모사, 자만심, 자존심
직업	사업가, 지략가, 기획자, 설계자, 패션, 디자인 관련 업종, 예체능계 등이 잘 어울린다.

뱀띠 (뱀 사 巳)

성경 속의 뱀은 선악과를 이용해 이브를 유혹하여 에덴동산에서 추방되게 만든 악의 화신으로 묘사된다. 그 벌로 다리가 없이 평생 기어 다니는 저주를 얻었다고 한다. 그러나 실제 뱀은 외모와 다르게 성격이 온순한 편이며 먼저 공격하지 않으면 실제 공격성은 약하다.

사주에서의 뱀은 겉모습은 차가워 보여도 인정이 많고 성격이 원만하여 사람들과 어울리기를 좋아하고 밝고 긍정적이다. 뱀은 해로운 쥐 등을 잡아먹어 전염성 등을 예방해 주기도 하고 땅을 파고 살아 토양을 비옥하게 만들어 주기도 한다.

뱀은 후퇴가 없이 오직 앞으로 직진만 하는 습성을 지니고 있고 한 번 목표가 정해지면 좌고우면하지 않고 앞만 보고 나아가는 기운이 있다. 또한 몸에 독을 지니고 있어 평소 때는 순하고 선하지만 한 번 화가 나면 폭발적으로 분노하는 경향이 있다. 또 뱀은 사람과 화려한 도시를 좋아하는 특성이 있다.

뱀은 더워지기 시작하는 여름의 기운이다.

뱀은 사화(巳火)이며 1년 중 날씨가 가장 좋은 시기로 모든 만물이 가장 크게 번식하고 팽창하려는 성향이 나타난다. 이 시기에는 사람들의 마음이 싱숭생숭해져 집에 가만히 있지 못하고 밖으로 나가 강한 추진력으로 새로운 연애를 시작하게 된다. 사람들과 어울리기 좋아하고 남에게 보여주기 위해 자신을 뽐내고 드러내려는 경향이 있다.

기본 성향은 학문과 문화에 대한 애정이 있으며 배우기를 좋아하여 가르치는 일에도 재능이 있다.

사회성이 있어 사람들과 대화하길 좋아하고 잘 어울려서 타인에게 인정받는 이성을 찾는 경향이 강하고 연인과 단둘이 만나는 것보다 여러 사람들과의 소통을 더 중요하게 생각한다. 또한 자신의 마음을 전하는 속도와 행동력이 빠르고 수다스러운 편으로 말(언어)이 직선적이고 날카로워 말실수로 이성에게 상처를 줄 수 있다.

뱀 사(巳)

계절	초여름 (Summer)
월별	5월 초 (입하) ~ 6월 초 (여름이 시작되는 시기)
시간	오전 09:30 ~ 오전 11:29
방향	남쪽 (South)
색깔	붉은색 (Red)
행운 수	2, 7
자원의 의미	천문성(天文星) : 학문적인 자질이 있고 배우기를 좋아하여 어릴 때부터 영특하다.
성향	활동성, 사리분별, 직설적, 학문, 열정, 목표지향, 예의, 수다, 멋 부리기, 허세
직업	선생, 상담가, 패션, 전기전자, 그림, 색채, 미술, 영화, 예체능, 운전, 정치, 언론, 기자 등이 잘 어울린다.

말띠 (낮 오 午)

말은 뜨거운 한여름의 기운으로 맹렬한 질주 본능을 지닌 역동적인 동물이다. 성격은 예민하고 잘 놀라며 넓은 시야를 지닌 것이 특징이라 할 수 있다. 따라서 말이 있는 사람은 신경이 예민하고 좋고 싫은 것이 명확하며 한 번 마음 먹으면 목표까지 질주하는 본능을 지니고 있다.

예로부터 말은 높은 신분을 상징하는 동물로 귀한 대접을 받았으며 사람들의 이동수단으로 매우 중요한 역할을 담당하였다. 꿈에서 말은 백마와 흑마를 나누기도 하는데 백마는 훌륭하고 잘생긴 왕자님과 사랑에 빠지는 것을 나타내며 흑마는 재물과 권력을 얻어 큰 부자가 되거나 입신양명하여 명예와 관직을 얻는 것을 나타낸다. 말은 인간과 교감하며 한 번 마음을 정하면 끝까지 집중력과 충성심을 보여준다고 한다. 하지만 지나치면 일방적인 애정공세나 짝사랑일 수 있고 강한 집착까지 있어 상대방을 불편하게 만들 수 있으므로 주의해야 한다.

말은 뜨거운 한여름이다.

말은 오화(午火)이며 뜨거운 한여름으로 모든 만물이 급격히 확산하다가 집중되는 시기로 사랑에 대한 결과가 빠르게 나타나고 애정을 보여주기 위해 무리하게 사람에게 몰두하게 만드는 기운이 있다. 성향적으로는 열정적이고 사교적이며 배려심이 많으나 욱하는 성격이 있고 다소 예민하고 소심한 구석이 있어 결정적인 순간에 행동의 모순과 제약이 있다.

예전의 말은 부와 권력의 상징으로 귀한 동물로 대접을 받았고 높은 지위와 신분을 의미하였다. 그래서 가문이나 조상 복을 타고 태어났다고 하였고 어딜 가든 환영받고 일거리와 먹을 것이 있다고 하여 천복성이라고도 불렸다.

그러나 한 가지에 몰입하는 성향이 강하여 긍정적으로 작용할 때는 집중력이 강해 전문성을 가질 수 있지만 부정적으로 작용할 때는 이성에게 집착하여 내가 원하는 대로 움직이지 않을 때 문제가 발생하게 된다.

낮 오(午)

계절	한여름 (Summer)
월별	6월 초 (망종) ~ 7월 초 (열기가 집중되는 시기)
시간	오전 11:30 ~ 오후 13:29
방향	남쪽 (South)
색깔	붉은색 (Red)
행운 수	2, 7
자원의 의미	천복성(天福星) : 우아함과 예민함을 지니고 있으며 자신이 좋아하는 것에 집중하는 모습을 보인다.
성향	집중력, 사교적, 정열적, 감정기복, 감각적, 영감, 직관력, 예의, 발산, 표출, 화술의 달인
직업	예술가, 미술, 디자인, 영업, 연구원, 배달업, 공무원, 운동선수, 요리사 등이 잘 어울린다.

양띠 (아닐 미 未)

양은 희생의 동물이다. 고기와 우유, 털과 가죽까지 아낌없이 희생한다. 어려운 난관이 생겼거나 소원을 염원할 때도 양을 귀한 제물로 바쳤다.

양은 무리 속에서 자신을 희생할 줄 아는 사회성이 깊은 동물이다. 그러나 약한 동료에게는 따돌림이나 심술이 있고 타인에 대해서는 배타성이 있어 희생적이면서도 이기적이고 자기 고집이 대단히 강한 특성도 있다.

한곳에 오래 머물러 있기보다는 무리를 따라 이동하기를 좋아하고 무리 속에서도 개별적인 개성을 지니고 있어 결국 혼자 있는 것을 선호한다. 입맛도 까다로운 편이고 맛을 즐기며 평가도 냉철한 편이다. 양띠는 재물에 대한 욕심이 있고 재물복도 있는 편이나 인간관계에서 오는 스트레스가 많은 편이다. 평화로워 보이는 외모와 다르게 순하지 않은 성격으로 인해 시기와 질투가 자주 발생한다.

양은 무더운 삼복더위이다.

양은 미토(未土)이며 여름과 가을을 이어주는 통로(문)이다. 미토는 여름이 끝나가는 시기로 이미 결실에 대한 의지를 강하게 지니고 있지만 실제로 결실의 모양을 본 적이 없기 때문에 부정적이고 불안정한 성향을 지니고 있다.

특성으로는 상황인식과 맛에 대한 탁월한 감각이 있어 분별하고 구분하는 능력이 있지만 결정 장애로 인해 결과를 얻을 수 없고 매사 조급한 모습을 보인다. 그래서 무엇을 하든 미련과 후회가 잘 남는 편이며 이미 가지고 있는 것을 잘 사용하지 못하는 아쉬움이 있다.

또한 개인적인 성향이 강하여 협동, 협조하는 것이 매우 어렵고 이성과 함께하는 것에 대하여 배타적인 성향을 지니고 있다. 그러면서도 혼자 있으면 불안감을 느껴 함께하는 불편함을 감수하는 이중적인 모습을 보인다. 이러한 불편함을 감수하는 것을 본인은 희생이라고 생각하기 때문에 후에 불만이 쌓일 수 있다.

계절	늦여름 (Summer)
월별	7월 초 (소서) ~ 8월 초 (더위가 기승을 부리는 시기)
시간	오후 13:30 ~ 오후 15:29
방향	중앙 (In the middle)
색깔	황토색 (Yellow, Brown)
행운 수	0, 5
자원의 의미	천역성(天驛星) : 역마의 기운을 타고나 한 자리에 있지 못하고 이리저리 돌아다니기를 좋아한다. 성향은 부정적이고 불안정하지만 탁월한 감각과 재능이 있어 전문가적 기질이 있다.
성향	개성, 예민, 심술, 독립성, 욕심, 이기적, 까칠함, 감정기복, 음양의 교체 시기, 조급성, 생활력 강함
직업	건축자재, 토목, 건축, 요리사, 맛(미식)평가, 종교, 의학, 한의사, 감별사 등이 잘 어울린다.

원숭이띠 (거듭 신 申)

원숭이는 포유류, 영장류 중 가장 지능이 높은 동물에 속하며 사회성이 매우 강한 특징을 보여준다. 모방하는 재주가 있으며 모성애가 유별나서 단장(斷腸)이란 단어를 만들어 냈다.

단장은 창자가 끊어지는 고통이란 의미로 몹시 슬프고 아픈 것을 나타내는 단어이다. 자신의 새끼를 잡아간 병사를 미친 듯이 따라간 원숭이 어미가 지쳐 죽었는데 죽은 어미의 창자가 모두 끊어져 있었다는 이야기로 원숭이의 모성애와 가족애를 의미한다.

원숭이는 위계질서가 분명하고 권력과 서열을 중시하여 군대처럼 일사불란하게 집단생활을 한다. 따라서 집단에서 소외되면 그 무리에서 살 수 없을 뿐 아니라 심하면 공격의 대상이 되기도 한다. 평소에는 순하고 평화롭지만 권력으로 인한 다툼이 발생하면 치열하게 싸우는 승부욕을 보이며 권력의지가 매우 강한 편이다.

원숭이는 가을의 시작이다.

원숭이의 오행은 지지 신금(申金)으로 계절로는 초가을이며 여름의 끝자락을 마무리하고 결과를 얻기 위해 차가운 이별을 준비하는 시기이다. 다만 아직 못다 이룬 정을 냉정하게 잘라내지 못하여 미련이 많이 남은 상태라고 볼 수 있다.

즉 열매를 얻기 위해서는 잎과 꽃을 버려야 하는 아픔이 있는 것이다. 수확과 결실을 위해 행동하는 경향이 강하나 성장에 대한 미련도 아직 남아 있어 마음의 갈등이 많고 외로움을 잘 느낀다. 이성을 만날 때도 내가 보호해 줄 수 있고 자신보다 서열이 아래에 위치한 사람을 선택하는 경향이 있으며 충성과 의리를 가장 중요하게 생각한다.

기본적인 성향은 명랑하고 사교적이며 긍정적이나 다소 산만하고 변덕이 있으며 마음이 여린 편이어서 상처를 잘 받는다. 특히 머리와 가슴이 따로인 경우가 많아 상대와 이별할 준비가 아직 안 되어 있는 상태에서 성급하게 행동하여 헤어진 후에도 미련이 많이 남는 편이다.

계절	초가을 (Autumn)
월별	8월 초 (입추) ~ 9월 초 (가을이 시작되는 시기)
시간	오후 15:30 ~ 오후 17:29
방향	서쪽 (West)
색깔	흰색 (White)
행운 수	4, 9
자원의 의미	천고성(天孤星) : 열매를 맺기 위해 꽃과 잎을 버려야 하니 가슴이 아프고 외롭다.
성향	모방, 잔꾀, 영리함, 집착, 실수, 재주, 결과 중시, 원숙함, 보수적, 의리, 자기주장 강함, 아집, 경솔함, 무계획성
직업	선생, 공직, 사업, 장사, 과일 유통, 금속세공, 철공업, 귀금속, 건축, 세공, 예술조각, 건물, 임대업 등이 잘 어울린다.

닭띠 (닭 유 酉)

닭은 완연한 가을의 기운이며 생활습관은 부지런하고 규칙적이며 건강 그 자체이다. 호랑이처럼 폭식을 하지 않으며 넓은 들판으로 돌아다니면서 조금씩 자주 먹고 잡식성이라 골고루 영양분을 섭취하여 살이 찌는 법이 없고 건강하게 오래 사는 편이라고 한다.

또한 닭은 부지런함의 상징으로 새벽 일찍 일어나 다른 동물들을 깨우는 역할을 하기도 한다. 붉은 벼슬은 명예를 상징하며 자존심이 강하고 불의와 타협하지 않는 정직함을 의미한다.

다만 부리로 흙을 파헤치는 모습은 파재(破財)라고 하여 재물을 흩어지게 한다고 한다. 사람에게 닭은 버릴 것이 없는 귀한 동물이다. 고기를 제공하는 것은 물론 매일 알을 낳아 달걀을 만들어 주고 각종 해충들을 잡아먹어 땅을 비옥하게 하는 등 정말 고마운 존재이다.

닭은 깊은 가을이다.

닭은 오행으로는 유금(酉金)이며 가을이 이미 깊어진 시기로 모든 것을 차단하여 포장된 모습으로 움직이지 않고 고정된 상태이다. 유금은 더 이상 첨가할 것이 없는 포장까지 마친 완제품의 모습을 하고 있으며 소유권이 정해진 상태로 주인이 있음을 의미한다.

기본적인 성향은 까탈스럽고 예민하여 사랑에 있어서도 깔끔하면서도 완벽함을 추구한다. 완벽주의 성향으로 인해 배우자를 고르는 조건이 까다롭기 때문에 그에 맞는 사람을 찾기가 어렵다.

또 소유욕이 강하고 내 것을 뺏기지 않으려는 투쟁심이 있어 배우자와 함께 다양한 인간관계를 하기 어려우며 개인적으로 차단된 환경을 좋아한다. 사랑하는 관계에서도 어느 정도 지켜줘야 하는 선이 있기 때문에 그 선을 넘어오는 것을 용납하기 어려워한다. 또 내 사람이 되기까지 시간이 많이 걸리지만 내 가족이 되면 누구보다 강한 충성심으로 가족을 지키려는 성향도 강한 편이다.

계절	완연한 가을 (Autumn)
월별	9월 초 (백로) ～ 10월 초 (맑은 이슬이 내리는 시기)
시간	오후 17:30 ～ 오후 19:29
방향	서쪽 (West)
색깔	흰색 (White)
행운 수	4, 9
자원의 의미	천인성(天刃星) : 완성의 기운으로 차단하고 구분하여 포장하고 광고를 통해 상품의 가치를 높인다.
성향	재물을 모으지 못하고 흩어지게 하는 기운, 선민성, 예지력, 벼슬, 근면, 차단, 구분, 날카로움, 차가움, 외유내강, 냉정함, 이지적, 민감함, 깔끔한 성격
직업	예술가, 군인, 경찰, 검찰, 공직, 공예, 귀금속, 세공, 예리한 직업, 세무, 회계, 명품사업, 의료, 종교 등이 잘 어울린다.

개띠 (개 술 戌)

개는 동물 중 인간과 가장 친밀한 관계로 친구 또는 가족과 같은 존재이다. 비록 동물의 야생성이 전혀 없는 것은 아니지만 인간과 정서적 교감을 하고 인간에 의해 학습과 교육이 가능하여 함께 공존하며 살아갈 수 있는 반려동물이다.

따라서 인간에 대한 믿음과 신의가 있고 충성심이 대단히 강하여 한 번 주인과 인연을 맺으면 평생 그 주인에게 충성하고 집착하며 살아간다. 개는 잘 변하지 않는 보수성을 지니고 있다.

심리적으로는 의존성이 강해 주인이 있을 때와 없을 때의 행동이 다르고 불안정한 모습을 보이기도 한다. 그러나 늑대의 본능이 숨겨져 있어 사냥본능이 만들어질 때나 자신과 주인에 대한 방어심리가 작동할 경우 공격적인 성향이 나오기도 한다.

개는 가을의 끝자락이다.

개는 오행으로는 술토(戌土)이며 가을의 추수를 모두 끝낸 쓸쓸하고 황량한 땅의 모습으로 모든 만물이 생명을 잃고 지상에서 자취를 감춘 양기(생명)가 죽은 시기로 더 이상 생산적인 일은 할 수 없다는 의미를 지니고 있다. 추수를 곡간에 저장하고 문을 굳게 닫아 겨울 동안 먹을 소중한 재산을 지키는 모습이 내재되어 있다.

성향적으로는 기존의 전통을 보존하고 유지하려는 심리가 강하며 보수적이고 정신적이며 변화를 싫어하고 자기 자리를 지키려는 특성을 보인다. 사교적인 면과 충성심이 있어 한 번 맺은 인연은 오래가는 편이며 연인 사이에도 의리가 있다.

연애에 있어서도 새로운 사람을 만나는 것에 두려움을 느껴 기회를 놓치는 경우가 있는데 이는 기존의 내 생활이 변화하는 것을 싫어하기 때문이다. 하지만 결혼생활은 안정적인 편이며 가정을 지키기 위해 때로는 강압적으로 배우자를 묶어놓는 경향이 있다. 지나치게 보수적인 성향으로 인해 한번 이별을 경험하게 되면 새로운 사람을 받아들이는 것이 다소 어렵게 느껴질 수 있다.

계절	늦가을 (Autumn)
월별	10월 초 (한로) ~ 11월 초 (차가운 이슬이 내리는 시기)
시간	오후 19:30 ~ 오후 21:29
방향	중앙 (In the middle)
색깔	황토색 (Yellow, Brown)
행운 수	0, 5
자원의 의미	천예성(天藝星) : 예술적 재능과 정신적이고 철학적인 깊이가 있으며 경험과 노련미가 있어 어떤 일에도 능수능란함을 보여주며 성향은 매우 보수적이고 변화를 두려워하는 편이다.
성향	보수적, 구두쇠, 강압적, 집착, 충성심, 직설적, 자기중심적 사고, 아집 강함
직업	철학, 종교, 지도자, 연구원, 예술가, 육영업, 상담가, 선생, 부동산, 사업가, 정치인 등이 잘 어울린다.

돼지띠 (돼지 해 亥)

돼지는 복과 다산의 상징으로 꿈에서 보면 좋은 일이 생길 정도로 행운의 의미를 지니고 있는 동물이며 재물과 건강을 인간에게 제공하는 가장 중요한 기능을 하기도 한다. 또한 저돌적인 성향으로 한번 목표가 정해지면 끝까지 집착하여 임무를 완수하려는 기운이 강하며 잡식성으로 특히 식탐과 성욕, 수면욕, 상상력 등 기본적인 욕구가 강한 편이다.

돼지는 생긴 외모로 인해 더럽고 게으른 동물로 오해를 많이 받아왔는데 실제로 돼지는 깨끗하고 청결한 것을 좋아하며 부지런하다고 한다. 사람이 물로 목욕을 하듯 돼지는 진흙으로 목욕하기 때문에 인간의 관점으로는 더럽게 보인다는 것이다.

돼지는 고집이 있지만 평소에는 성격이 온순하여 강제로 시키는 것보다는 살살 달래는 것이 훨씬 효과적이다. 실제 돼지도 강제로 끌고 가려고 하면 귀나 꼬리가 잘려도 움직이지 않지만 회초리로 엉덩이를 살살 건드리면 잘 움직인다고 한다.

해수(亥水)는 겨울의 시작이다.

돼지는 오행으로는 해수(亥水)이며 겨울의 시작이다. 생각이 많고 꿈과 이상을 현실로 나타내려는 의지가 강하며 타인을 설득하는 능력을 지니고 있다. 다만 의심이 많고 행동은 게을러 공동체 생활에는 불리하다. 해수는 겨울이 시작되는 시기로 내 곡간에 먹을거리가 없다면 추운 겨울 동안 끼니를 굶어야 하기 때문에 항상 미래에 대한 근심 걱정이 많다. 이 시기에 아무나 집에 들여 내 곡간을 훔쳐간다면 큰 문제가 생기기 때문에 사람을 만나는 것에도 의심이 많고 함부로 만나지 않는 경향이 있다. 누군가를 만나 편안한 안식처로 느끼고 싶어 하지만 또 확실치 않은 의심으로 인해 걱정하는 이중적인 모습으로 나타난다.

성향은 고요하고 정적이며 꿈과 이상적인 모습을 보인다. 또한 다양한 정신세계나 학문에 관심이 있으며 본능적인 욕구에 대해서는 강한 집착을 보이기도 한다. 하여 연애나 결혼상대는 성적 취향이 잘 맞거나 배고픔 등의 본능을 잘 채워줄 수 있는 사람을 만나는 것이 좋다. 본능이 채워지지 않으면 끊임없이 꿀꿀거리는 돼지처럼 불평불만을 표출하게 되어 불화가 생길 수 있다.

계절	초겨울 (Winter)
월별	11월 초 (입동) ～ 12월 초 (겨울의 시작)
시간	오후 21:30 ～ 오후 23:29
방향	북쪽 (North)
색깔	검은색 (Black)
행운 수	1, 6
자원의 의미	천수성(天壽星) : 신체가 건강하고 수명이 길다. 그래서 본능적 욕구가 강한데 특히 식탐, 성욕 등의 욕망이 채워지지 않으면 불안정한 모습을 보이기도 한다.
성향	추진력, 저돌성, 수다스러움, 잡다함, 언변, 이성 문제, 욕구불만, 융통성, 지혜, 심사숙고, 기획력, 임기응변, 지구력, 인내심
직업	유통업, 목재업, 수산업, 상담업, 선생, 기자, 아나운서, 유흥업, 화장품 등이 잘 어울린다.

마법처럼 시작된 사랑이 동화처럼 끝나면 기적.
마법처럼 시작된 사랑이 현실처럼 끝나면 일상.

처음 그녀를 보았을 때 마법에 걸린 것처럼 사랑에 빠졌다.
혼자 시작한 사랑이 그녀에게 닿을 수 있게 나도 주문을 걸었다.

그리고 사랑이 내게로 왔다.

하늘에서 내려준 짝꿍
(천을귀인 짝)

하늘이 맺어준 짝꿍 천을귀인

천을귀인(天乙貴人)은 하늘이 인간에게 내려준 복 중에서 가장 으뜸으로 알려져 있으며 나쁜 운도 좋은 운으로 바꿔주는 기운이 있다고 한다. 또한 천을귀인은 힘들고 어려운 일이 생기면 자신을 지켜주는 수호천사의 의미도 지니고 있어 위험한 순간에도 위기를 잘 넘길 수 있게 도와준다고 한다.

만일 그러한 수호천사나 귀인이 실제 배우자가 된다면 얼마나 든든하고 행복한 일이겠는가. 그런 점에서 천을귀인 궁합은 매우 좋은 의미를 지니고 있다.

천을귀인 배우자는 어려울 때 서로 도움이 되고 배신하지 않으며 끝까지 신의와 책임을 다한다고 한다. 부부간에도 애정뿐 아니라 신뢰와 능력, 재능 등이 있어야 완벽한 관계로 발전하거나 유지될 수 있는데 천을귀인 배우자를 만나면 그런 부부 사이가 된다는 것이다. 즉 잘생긴 외모와 능력과 좋은 집안까지 갖춘 완벽한 배우자란 것이다. 그러나 이런 이야기 속에는 다소 과장된 면이 있다. 그럼에도 불구하고 없는 것보다는 있는 것이 위안이 되는 것도 사실이다.

남녀궁합을 해석할 때 참조하면 도움이 된다. 단 맹신은 금물이다. 우선 자신의 배우자가 천을귀인에 해당하는지 살펴보자.

남성은 자기 사주에 여성(재성)이 천을귀인에 있고,
여성은 자기 사주에 남성(관성)이 천을귀인에 있으면 좋다.

특히 남녀 모두 내가 태어난 날(일지)에 천을귀인이 있으면 가장 좋다고 한다.

천을귀인 배우자

천 간	지 지	해 석
태어난 일(日)	천을귀인 (년 / 일)	아내복/남편복
갑(甲)	미(未) 축(丑)	아내복
을(乙)	신(申) **자(子)**	남편복
병(丙)	유(酉) 해(亥)	아내복/남편복
정(丁)	해(亥) 유(酉)	남편복/아내복
무(戊)	**축(丑)** 미(未)	해당 없음
기(己)	자(子) 신(申)	아내복
경(庚)	**축(丑)** 미(未)	해당없음
신(辛)	인(寅) 오(午)	아내복/남편복
임(壬)	**묘(卯)** 사(巳)	아내복
계(癸)	사(巳) **묘(卯)**	아내복

■ 작용하는 천을귀인(배우자에 한함)
■ 미작용(배우자를 제외한 다른 것은 작용함)

※ 진(辰)과 술(戌) : 용과 개는 천라지망이라고 하여 천을귀인이 만들어지지 못한다.
※ 남자는 정유, 계사일주가 최고의 배우자를 얻고 여자는 정해일주가 배우자 복이 많다.

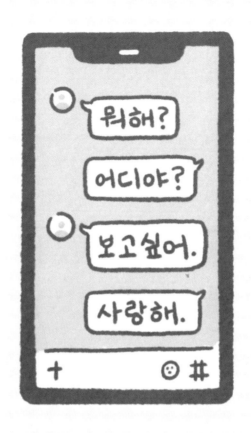

사랑에 빠진 증거….

요즘 우리가 가장 많이 쓰는 단어

이별 후에

이별 후에 남은 미련이 없다면
최선을 다했다는 증거이다.

우리가 처음 사랑을 시작할 때의 감정은
무의식이 결정하지만 사랑을 끝낼 때는
의식이 판단하고 결정한다.

사랑은 마음으로 하지만
이별은 머리로 하기 때문이다.

사랑은 행복하기 위해 하지만 불편해지는 경우가 많고
이별은 고통 때문에 하지만 후련해지기도 한다.

이별 후에 후련함이든 그리움이든
우리가 해야 할 일은 다시 시작할 수 있는 용기이다.

제 3 장

다채로운 궁합이야기

사랑은 모든 것을 변하게 한다.
내 마음에 우주가 생기는 것이다.

합은 사랑이고
치유이다

순간 강렬한 햇빛에 눈이 멀었다.
그렇게 사랑이 찾아왔다.

살면서 가장 힘든 순간에 위로받고 싶은 사람이 있다면
그 사람이 사랑이다.

살면서 가장 행복한 순간에 함께하고 싶은 사람이 있다면
그 사람이 사랑이다.

누군가에게 내가 그런 사람이 된다는 것은
가슴 벅찬 행복이다.

사랑은 그 자체가 완벽한 치유이다.

삼합과 이합궁합
(운명의 만남)

가장 편안하고 서로 도움이 되는 삼합궁합.

삼합은 보이지 않는 곳에서도 서로에게 도움이 된다. 삼합은 단순히 남녀가 만난 것이 아니라 인생의 동지를 만나 같은 방향을 바라보는 것이다.

삼합과 이합궁합이 좋은 이유는 관계와 목적이 모두 충족되기 때문이다. 부부관계도 서로 협동, 협조해야 하는 최소한의 사회구성원이다. 따라서 서로 이해와 협조가 필요하며 삶의 목적을 함께 추구하는 것이 가장 이상적이라고 할 수 있다.

같은 방향과 같은 목적을 바라보고 함께 힘과 마음을 모으는 것이 삼합궁합이다. 삼합궁합은 이합구조만으로도 그 효능이 발생됨으로 방해하는 요소 없이 가까이 붙어 있다면 이합만으로도 충분히 좋은 궁합이 될 수 있다.

태어난 날과 띠를 맞춰보는 방식으로 매우 간단하며 연인 사이에 개인적인 궁합 특성과 사회적으로 보여지는 모습까지 모두 알 수 있어 궁합 보는 방법 중에서 자주 쓰이는 편이다.

삼합을 기준으로 보며 각 띠별 특성과 결합하여 해석하는 방식이며 육합은 처음에는 좋은 관계를 유지하지만 시간이 지날수록 관계의 훼손이 일어나는 기운이 있어 임상결과 좋은 궁합이 아닌 경우가 많아 제외하였다.

육합은 처음에는 서로 열정적으로 관계가 발전하지만 금세 애정이 식거나 상호 배신할 수 있는 관계를 의미한다. 그에 비해 삼합궁합은 목적지향성, 사회적 성향, 공적 의무인 책임감, 성실성, 정성 등이 잘 결합되어 부부나 연인관계에서 애정, 신뢰, 의리의 바탕이 되어준다.

심지어 삼합궁합은 이혼 후에 같은 사람과 또다시 재혼하는 경우도 있을 만큼 그 결속력이 강하다.

별이 빛나는 이유는 그리움 때문이야

그리움이 있다는 것은
가슴에 반짝이는 너의 눈빛이 있다는 거지

따뜻한 기억이 가슴에서 오래되면
별처럼 반짝이는 그리움이 되듯이

내게도 반짝이는 사람이 있었으면 좋겠다.

이합궁합 구조
(같은 꿈과 의지)

이합은 삼합 중 왕지를 포함한 2개의 오행이 결합된 형태로 궁합에서는 좋은 의미로 널리 쓰이는 방법이며 일지를 기준으로 한다.

혼인궁합에서 이합이 있으면 부부관계가 원만하고 자식 복이 있으며 함께 같은 목적, 의도, 업무, 취미 등 협력하는 관계가 좋아진다.

이합의 구조는 자오묘유(쥐 말 토끼 닭)가 중심이 되어 다른 오행과 결합하는 형태이다.

1) 자(쥐) + 신(원숭이) or 자(쥐) + 진(용)

2) 오(말) + 인(호랑이) or 오(말) + 술(개)

3) 묘(토끼) + 해(돼지) or 묘(토끼) + 미(양)

4) 유(닭) + 사(뱀) or 유(닭) + 축(소)

호랑이 + 말 = 인오합(寅午合)

호랑이   말

✽ 호랑이는 어린아이처럼 순수하고 호기심이 많으며 의지가 강하고 권력 지향적이다. 일단 관심이 생기면 연애도 성급하게 시작하는 경향이 있어 시행착오가 많은 편이다.

✽ 말은 매사 열정적이고 집중력이 뛰어나며 행동력이 강하나 연애에 있어서는 소극적이고 예민하며 겁이 많다. 장기적인 결혼 생활이나 연애를 할 때 지구력이 약해 관계를 유지시키는 데 어려움이 따르기 쉽다.

| 종합 |

연애를 적극적으로 빨리 시작할 수 있는 호랑이의 실행력이 소심하고 겁이 많은 말의 성향을 보완하여 사랑을 열정적으로 유지할 수 있다.

돼지 + 토끼 = 해묘합(亥卯合)

돼지　　　　　　　토끼

✻ 토끼는 어린아이처럼 이것저것 번잡스럽고 집중력이 약하며 변덕이 심하여 한 사람과의 관계를 오래 지속하기 어렵다. 강한 성욕과 호기심으로 인해 이성에 관한 각종 문제들이 많이 생기는 편이다.

✻ 돼지는 노인처럼 경험과 지혜가 있고 이성의 마음을 잘 받아주고 상상력이 풍부하나 의존적인 성향이 있다. 의심이 많고 본능적인 욕구가 강해 욕구해소가 되지 않으면 불평불만이 강해진다.

| 종합 |

토끼의 강한 성욕과 호기심을 돼지의 지혜와 본능적인 욕구로 채워주는 관계가 되며 토끼의 이것저것 잡다하게 벌려놓는 성향에 돼지가 지혜롭게 계획을 세워줌으로 이상적인 연인상대가 될 수 있다.

쥐 + 용 = 자진합(子辰合)

쥐   용

✱ 용은 욕심이 많고 모사에 능하며 꾸미고 멋 부리기를 좋아한다.
그러나 행동력은 약한 편이며 뒤에서 은밀하게 연애하길 좋아
하며 배우자를 강압적으로 제어하는 성향이 있다.

✱ 쥐는 지혜와 현실감이 있고 소심한 편이며 자신의 사생활을 드
러내는 것을 좋아하지 않아 배우자에게도 비밀이 많은 편이다.
또한 자신의 주장이 강하여 배우자와 불화가 생길 수 있다.

| 종합 |

멋 부리고 은밀하게 연애하길 좋아하는 용과 소심하지만 은밀
한 사랑을 추구하는 쥐는 서로 비밀 연애가 많은 편이며 속궁합
이 잘 맞는 편이다.

뱀 + 닭 = 사유합(巳酉合)

뱀   닭

✳ 뱀은 화려하고 예쁜 것을 선호하며 처음 연애를 시작할 때 이성에게 좋은 모습을 보여주기 위해 분수에 맞지 않은 지출을 하거나 자신을 과대포장하는 편이다.

✳ 닭은 보석처럼 아름다움을 추구한다. 하지만 예민하고 까칠한 성향으로 도도하고 차가운 매력을 가지고 있다. 또 자신을 깔끔하고 아름답게 가꿀 수 있어 미남미녀가 많은 편이다.

| 종합 |

화려하고 예쁜 것을 좋아하는 뱀은 자신을 잘 꾸미고 도도한 닭에게 매력을 느끼며 선물공세를 하고 주변에 자랑을 하는 모습으로 나타난다. 따뜻하고 다정다감한 뱀과 차갑고 도도하지만 따뜻함을 그리워하는 닭의 성향은 서로 조화가 잘 이루어진다.

말 + 개 = 오술합(午戌合)

말   개

✳ 말은 집중력이 강하고 열정을 지니고 있어 한번 사랑에 빠지면 깊이 있게 관계가 진전되는 편이다. 하지만 집착을 하는 성향이 있고 선택장애가 있어 처음 연애를 할 때 동분서주하는 모습으로 나타나기도 한다.

✳ 개는 느긋하고 점잖아 보이지만 충성심이 있어 한번 배우자를 선택하면 자신의 가정을 지키려는 성향이 매우 강하다. 때로는 너무 배우자를 강압적으로 누르려고 하는 모습이 나타나기도 한다.

| 종합 |

열정이 가득하고 한사람에게 집중하는 말과 자신의 사람에게 충성하고 지키려는 개의 성향이 서로 잘 어울리며 어떤 어려운 문제가 발생했을 때 함께 해결하고 일하는 것을 좋아한다.

토끼 + 양 = 묘미합(卯未合)

토끼   양

✳ 토끼는 아기처럼 사랑스러운 모습을 가지고 있고 영리하다. 이 성관계에서 인기가 많으며 호기심이 강해 이곳저곳 돌아다니며 일을 많이 벌려놓는 성향이다.

✳ 양은 엄마의 마음처럼 따뜻하고 희생정신이 있다. 번잡스러운 것들을 잘 해결하는 성향이 있고 배우자와 함께하는 시간보다 개인적인 시간이 꼭 필요하며 여기저기 돌아다니는 것을 좋아한다.

| 종합 |

아기처럼 사랑스러운 토끼와 엄마의 따뜻함을 가지고 품어주는 양은 잘 어울린다. 토끼가 이것저것 새로운 일을 벌려놓으면 양이 희생정신으로 돌아다니며 해결한다.

원숭이 + 쥐 = 신자합(申子合)

원숭이   쥐

✱ 원숭이는 좋아하는 이성이 생기면 적극적으로 쟁취하려고 하며 아니다 싶으면 섣부르게 잘라버려 미련이 많이 남는 편으로 후회와 외로움을 잘 느끼는 성향이다. 모방을 잘하며 재주가 많아 이성을 즐겁게 해줄 수 있는 장점이 있다.

✱ 쥐는 조용하고 소극적이지만 은밀한 성적인 매력을 가지고 있다. 이성관계에서도 정신적으로 상대방을 지배하는 경우가 많으며 너무 과할 때는 가스라이팅을 하거나 본인이 당하는 경우가 생길 수 있다.

| 종합 |

적극적이고 과감한 원숭이의 성향과 소극적이지만 지혜가 많고 매력적인 쥐는 잘 어울린다. 좋은 것이 있으면 모방을 쉽게 하는 원숭이는 쥐의 좋은 아이디어를 바로 실천한다.

닭 + 소 = 유축합(酉丑合)

닭   소

✻ 닭은 차갑고 도도하며 아무에게나 곁을 주지 않는 성향이 있어
   이성을 고르는 조건이 까다로운 편이다. 예민하고 까다롭지만
   내 사람이 되면 책임과 의무를 다하는 경향이 있다.

✻ 소는 희생정신이 있고 자신을 잘 낮추는 성향이 있어 배우자를
   편안하게 해주는 장점이 있다. 지혜가 있어 처신을 잘하는 편이
   지만 한 번 고집을 부리거나 욱하면 말리기 어려운 모습이다.

| 종합 |

예민하고 까탈스러운 닭과 자신을 낮추고 편안하게 대해주는
소는 잘 어울린다. 사람들과 차단하는 닭에게 소가 지혜를 나눠
주며 해결하는 모습은 보완이 잘 된다.

헤어질 때 할 말이
떠오르지 않으면 "미안해"

혼자 있고 싶다는 말보다
미안해라는 말이 더 아프게 느껴졌다.

우리는 이별할 때 용기가 없어진다.

헤어질 때 "미안해"라는 말은
내 안에서 너를 지우겠다는 의미이다.

원진살
(미움과 원망)

이별은 내 안에 어둠을 만드는 것이다.
하지만 어둠은 무언가를 반짝이게도 할 수 있다.

이별을 너무 아파하지 말고 시간을 너무 오래 주지 말자.
만난 것은 반드시 헤어지게 되어 있고 헤어지는 것은 다시 새로운
만남과 연결되어 있다.

그러니 이별도 만남처럼 하자.

이별은 끝이 아니다.
그러기에 우리가 이별 후 첫 번째로 해야 할 것은 아파하고 그리
워하는 것이 아니라 이별에서 언제쯤 벗어날 수 있을지 고민하는 것
이다.

이별은 지난 습관으로 인해 감정적으로 혼동되기 쉽다.

그래서 우리는 그리움의 대상이 헤어진 그 사람이라고 착각한다. 그러나 이별 후에 오는 그리움은 그 사람 자체가 아니라 그 사람과의 행복했었던 내 기억 속의 잔상일 뿐이다.

이미 타버린 한 줌의 재는 다시 불꽃이 될 수 없다.

원진살의 의미

怨(원망할 원) + 嗔(성낼 진)

원망하고 미워하다 결국 헤어지는 관계

원진살은 원망하고 미워한다는 의미를 지니고 있지만 원망과 미움도 결국 애정에서 나오는 것이다. 따라서 붙어 있으면 다툼이 생기고 떨어지면 생각나고 보고 싶은 애증의 관계라 할 수 있다.

원진의 중심은 인간관계이다. 그중에서도 남녀관계로 발생되는 경우가 대부분인데 혼자 있을 때는 지극히 정상적인 감정 상태를 유지하던 사람도 이성 간의 관계가 발생하면 비정상적인 감정 상태로 변화되는 모습을 보인다.

즉 상대에 따라 반응하는 매우 특이한 감정구조를 지니고 있다. 따라서 원진궁합이 되면 평소에는 없던 집착과 의심이 생기고 이유

없이 예민해지며 불안해진다.

원진은 상대가 있어야 발생되는 정신적 교란행위로 혼자가 되었을 때 평온함을 느껴서 독신을 선호하는 경우도 종종 있다. 그러나 외로움을 잘 느끼는 사주 구성을 가지고 있다면 괴롭고 힘들어도 끊임없이 이성관계를 갈구하는 경우가 많아서 스스로 자신을 통제하고 노력하는 것밖에는 다른 방법이 없다. 그중에서도 가장 먼저 해야 할 노력은 내 배우자와 다른 사람을 비교하지 말아야 하는 것이다.

원진은 충 옆에 있어서 마주 보는 사람의 옆에 있는 다른 사람을 바라보는 구조를 가지고 있다. 즉 자신의 상대를 타인과 비교 분석하는 성향이 있는 것이다.

부부궁합에 원진살이 있으면 사소한 일에도 짜증과 화를 잘 내게 되고 상대가 하는 일이 마음에 들지 않아 다툼이 잦으며 매사 부정적인 생각으로 마음이 불안정한 상태가 된다.

또한 남녀 모두 의처·의부증이 있고 상대에 대한 집착이 강해 시기 질투로 인한 부부싸움이 점점 많아지고 결국 이별하게 된다고 한다.

그러나 실제 원진살이 있어도 잘 사는 부부와 사이가 원만한 경우도 많기 때문에 궁합의 전체적인 구조를 보고 판단해야 한다.

띠 원진궁합
(미운 정 고운 정)

    만나면 원망하고 미워하게 된다는 원진궁합과 충극에 의한 궁합 등으로 나눌 수 있으며 그중 원진궁합은 주로 대외적인 모습을 나타내며 직업, 신분 차이, 집안 문제 등에서 갈등이 생길 수 있다.

    원진궁합은 절대적이거나 치명적으로 나쁜 궁합은 아니지만 오래전부터 대대로 내려오는 문화적인 특성까지도 지니고 있어 꼭 이해할 필요가 있다.

    따라서 원진궁합은 맞지 않더라도 다른 요소들에 의해 실제 둘의 관계는 좋을 수 있으며 남들이 보는 것과 실제 둘의 모습은 전혀 다를 수 있다는 점도 고려해야 한다.

    실제 원진궁합인데 잘 사는 부부도 있고, 원진이 없는데 이혼하는 부부도 많다. 중요한 것은 단순히 원진살이 있고 없고가 아니라 원진살이 어떤 위치에 어떤 구조로 되어 있는지와 서로가 발전하고 보완하기 위해 어떤 노력을 했는가이다. 기록에 의하면 원진살은 '사랑살'이라고 하며 남녀 간 궁합을 볼 때 흔히 보는 것으로 원진이 있으면 서로 원망하고 미워한다고 하여 결국 헤어지는 운명을 맞이한다고 한다.

그러나 실제 사례를 보면 가까이 붙어 있을 때는 다툼이 있는 편이고 떨어져 지낼 때는 서로 그리워하거나 사이가 원만한 경우가 많았다. 그래서 원진은 안 보면 보고 싶고 만나면 싸우지만 헤어진 후에는 미련이 남는 관계이다.

따라서 원진살이 있는 부부들은 주말부부로 살면 백년해로할 수 있다.

사람은 누구나 관계에 대한 불편함을 지니고 있다. 아무리 좋은 사람도 24시간 계속 함께 지내다 보면 불편하고 부담스러워질 수 있다. 인간은 사회성과 개인성을 함께 지닌 특성이 있기 때문이다. 따라서 환경이나 마음 상태에 따라 함께 있고 싶을 때도 있지만 혼자 있는 것이 필요하고 좋을 때도 있는 것이다.

이것은 상대가 싫어서도 아니고 관계에 적신호가 켜진 것도 아닌 밤에 잠을 자는 것처럼 잠시 재충전하고 복원되는 과정이다.

혼자 있고 싶다는 표현이나 신호가 상대에 대한 애정이 식은 것으로 오해가 만들어지는 것이 바로 원진살이라고 할 수 있다.

사랑은 마주 보는 것만큼이나 자연스러운 여백도 필요하다. 어둠이 없다면 반짝이는 별빛도 볼 수 없는 것처럼 말이다. 사랑도 꿈꿀 수 있을 때 성장하고 꽃처럼 피어난다. 상대를 편안하게 잠들 수 있게 도와주자.

원진살은 시간이 약이고 떨어져 있으면 복원되는 사랑과 미움의 복합된 기운이다. 그래서 원진을 극복하는 가장 좋은 방법은 상대에게 적당한 시간과 공간을 내어주는 것이다.

따라서 원진살이 운에서 들어온다면 주말부부, 출장 등 각자 할 일을 하면서 서로에 대한 생각을 정리할 시간을 주는 것이 관계 회복에 큰 도움이 된다. 원진운 때 함께 있으면 그다음 해에 헤어질 가능성이 매우 높아진다.

이별의 이유

헤어진 이유가 생각나지 않지만
그 사람이 더욱 선명하게 떠오르면
아직 이별한 것이 아니다.

세월이 지우지 못한 기억은
또 한 번의 이별을 준비해야 한다.

진짜 이별은 만나지 못하는 것이 아니라
내 기억에서 점점 희미해지는 것이다.

쥐 + 양 = 자미(子未)원진

쥐   양

서기양두각(鼠忌羊頭角) : 쥐는 양의 뿔을 싫어하고 꺼린다.

설화에 의하면 쥐는 뿔이 없어 양의 뿔을 시기 질투하며 쥐구멍에 양털을 두면 쥐에게 알레르기가 발생하고 쥐가 죽는다고 한다.

기본원리로 보면 토극수(土剋水)가 되어 맑고 깨끗한 물이 더럽혀진다는 의미로 상대에 대한 부정적인 마음이 생겨나고 의심이나 시기질투심이 강해진다.

경우에 따라서는 각종 질병이 발생되거나 하는 일에 장애가 생기기도 하며 남녀 사이에서는 애정 관계에 문제가 생길 수 있는데 갑자기 발생된 문제라기보다는 오래전부터 쌓여오던 불만들이 폭발하는 형태를 보이는 경우가 많다.

쥐가 깨끗한 물을 먹으려고 하는데 양이 물에 흙을 섞는 것이고 반대로 양은 이리저리 돌아다니고 싶은데 쥐가 못 움직이게 붙잡고 있는 형상이다.

쥐는 소심하고 행동이 약한 데 비해 양은 저돌적이고 행동이 부산스러워 서로 추구하는 성향이 맞지 않는다. 쥐는 은밀하고 조용한 것을 좋아하는데 양은 여기저기 쫓아다니며 해결하는 성향이기 때문에 잔소리가 많아 서로 다툼이 생긴다. 쥐는 가족 중심적이기 때문에 부부가 함께 행동하길 좋아하나 양은 개인 중심적이기 때문에 혼자만의 활동을 좋아하여 서로 맞지 않는다.

남자

구분	시(時)	일(日)	월(月)	년(年)
지지(地支)		자(子)		자(子)

여자

구분	시(時)	일(日)	월(月)	년(年)
지지(地支)		미(未)		미(未)

※ 년과 일에 해당오행이 있으면 남녀구분 없이 원진살이 성립한다.

소 + 말 = 축오(丑午)원진

소   말

우진마불경(牛嗔馬不耕) : 소는 말이 밭을 갈지 않는 것을 싫어한다.

설화에 의하면 소는 부지런히 하루 종일 일하는데 말은 편안하게 놀고 있어 소가 말을 보면 화가 나 서로 미워하는 마음이 생긴다고 한다.

기본원리로 보면 수극화(水剋火)로 물이 불을 끄는 형상이다. 비유하자면 소가 잠을 청하려 할 때 말이 불을 환하게 밝혀서 잠을 못 이루게 방해하거나 깨워서 일하게 하는 것이고, 반대로 말은 밤늦도록 열심히 공부하거나 일하는데 소가 불을 꺼서 할 일을 못 하게 방해하는 형상이다.

남녀관계로 보면 사소한 언행으로 큰 싸움이 벌어지거나 심하면 폭력적인 성향까지 나오기도 한다. 따라서 축오원진운이 들어오는 때에는 되도록 떨어져 있거나 상대 일에 간섭이나 잔소리를 하지 않는 것이 좋다.

소는 생각이 많고 신중한데 말은 생각이 짧고 기분파이기 때문에 서로 맞지 않는다. 소는 행동이 느리고 맺고 끊는 것이 정확하나 말은 행동이 급작스럽고 감정기복이 심하여 매사 의견이 맞지 않아 다툼이 잘 생기는 편이다. 그때그때 집중적으로 감정을 표출하는 말과 고집이 강하고 욱하는 소가 다투면 폭발적으로 싸움이 확대되는 경향이 있다.

남자

구분	시(時)	일(日)	월(月)	년(年)
지지(地支)		축(丑)		축(丑)

여자

구분	시(時)	일(日)	월(月)	년(年)
지지(地支)		오(午)		오(午)

※ 년과 일에 해당오행이 있으면 남녀구분 없이 원진살이 성립한다.
※ 축토는 겨울의 기운으로 수(水)의 성격으로 봐야 한다.

호랑이 + 닭 = 인유(寅酉)원진

호랑이   닭

호증계취단(虎憎鷄嘴短) : 호랑이는 닭 볏을 싫어하고 꺼린다.

설화에 의하면 호랑이는 동물의 왕인데 닭의 볏이 왕을 상징하니 못마땅해한다. 호랑이가 밤 사냥을 하고 있는데 첫닭이 울면 그 울음소리에 초식동물들이 모두 달아나 호랑이가 사냥을 못 하고 집으로 돌아가야 해서 서로 미워한다고 한다.

기본원리는 금극목(金剋木)의 원리이며 남녀가 서로 예민해지고 상처를 주는 언행으로 관계가 훼손되는 상태를 의미한다. 마치 도끼가 나무를 찍는 형상으로 나무는 상처가 나고 때에 따라서는 도끼도 상하게 된다.

비유하자면 호랑이는 뭔가 시작하려고 하는데 닭은 시작을 하지 못하게 말리는 형상이고 반대로 닭은 방청소를 말끔하게 해두었는데 호랑이가 돌아다니면서 어지럽히는 형상이다.

호랑이는 지혜는 약하지만 거침없이 일을 시작하고 닭은 예민하고 까칠하지만 완벽하게 정돈하는 성향으로 둘이 만나면 자주 다툼이 발생된다.

호랑이는 우두머리 기질이 있어 지시받는 것을 싫어하고 닭은 완벽주의적인 성격으로 배우자의 간섭이나 명령 등을 극도로 꺼려한다.

둘 다 자기중심적인 성향이 강하여 상대를 배려하기보다는 자기 의견이나 주장을 관철시키려고 하여 다툼이 잦다. 서로 떨어져 있으면 보고 싶은 마음이 들지만 만나면 서로의 다른 성향으로 인해 싸움이 반복된다.

남자

구분	시(時)	일(日)	월(月)	년(年)
지지(地支)		인(寅)		인(寅)

여자

구분	시(時)	일(日)	월(月)	년(年)
지지(地支)		유(酉)		유(酉)

※ 년과 일에 해당오행이 있으면 남녀구분 없이 원진살이 성립한다.

토끼 + 원숭이 = 묘신(卯申)원진

토끼   원숭이

토원후불평(兔怨猴不平) : 토끼는 원숭이 엉덩이가 빨간 것을 싫어한다.

설화에 의하면 원숭이의 빨간 피부가 토끼의 선홍빛 눈을 닮아 서로 싫어한다고 한다. 기본 원리는 금극목(金剋木)이며 상대에 대한 의심이나 배신이 일어날 수 있으며 힘들고 고통스러운 이별을 하는 경우도 자주 발생한다.

원진살 중에서는 가장 강력하고 무서운 기운을 지니고 있다.

토끼는 번잡스럽고 무성하게 확산하는 기운이고 원숭이는 욕망하는 것을 갖기 위해 돌진하는 기운이다.

비유하자면 토끼는 이것저것 호기심으로 일을 벌이고 원숭이는 따라다니면서 토끼가 어지럽게 만든 번잡스러움을 정리하는 것이다.

반대로 원숭이는 자신의 목적을 위해 토끼의 순수함에 상처를 내는 것이다.

토끼는 아이처럼 사랑스럽고 호기심이 많아 이성에 대한 관심이 많은 편이며 원숭이는 예쁘고 아름다운 것을 보면 돌진하여 쟁취하는 남성미가 있다.

처음에는 서로 잘 맞는 듯 보이지만 토끼는 변덕스럽고 색욕이 강해 이성문제가 자주 발생되고 원숭이는 성급하게 결론짓고 상대방에게 강압적으로 상처를 줘서 싸움이 지속된다. 원숭이는 지시하거나 명령하는 성향인데 토끼는 순발력과 재치가 강하여 원숭이의 말을 듣는척하며 무시하고 제멋대로 행동한다.

남자

구분	시(時)	일(日)	월(月)	년(年)
지지(地支)		묘(卯)		묘(卯)

여자

구분	시(時)	일(日)	월(月)	년(年)
지지(地支)		신(申)		신(申)

※ 년과 일에 해당오행이 있으면 남녀구분 없이 원진살이 성립한다.

용 + 돼지 = 진해(辰亥)원진

용   돼지

용혐저면흑(龍嫌猪面黑) : 용은 돼지 얼굴을 싫어한다.

설화에 의하면 용은 가장 신성하고 완벽하며 멋내기를 좋아하는데 한 가지 흠이 코가 돼지코를 닮아 못생겨져서 서로 미워한다고 한다.

기본원리는 토극수(土剋水)로 진흙과 물이 만나 흙탕물이 되는 것이다. 실제 용과 돼지가 만나 연인이 되면 추문, 망신, 관재, 구설, 시비 등이 발생되며 각종 더러운 질병(성병, 전염병) 등이 발생되기도 한다. 토끼+원숭이와 함께 반드시 피해야 할 남녀관계이다.

용은 의존적이면서 모사하는 것에 재능이 있고 돼지는 경험이 풍부하고 지혜가 있어 계획을 잘 세우기 때문에 처음에는 서로 호감을 느낀다. 하지만 돼지는 잘난 척만 하고 실천하지 못하며 다른 사람에게 의존하는 용에게 불만이 생긴다. 또 돼지는 의심이 많아 용의 은밀한 사생활로 인해 다툼이 생긴다.

또 용이 멋지게 옷을 차려입고 함께 나가려고 하면 돼지가 진흙을 묻히고 나와서 창피를 주는 모습이다.

이는 서로의 가치관의 차이로 용은 출근시간의 정돈된 모습을 하고 있지만 돼지는 잠자리를 펴고 편안하게 자야하는 시간이기 때문에 귀찮고 피곤한 것이다.

이러한 성향의 차이는 사사건건 작은 일에도 압박과 스트레스로 작용하기 때문에 다툼이 발생하고 정신적으로 지치는 현상으로 나타난다.

전남지방 방언에는 "징~하네"라는 사투리가 있는데 진해원진귀 문에 '진해'가 '징해'로 유래되었다고 한다. 그만큼 관계가 지독하고 힘들다는 의미이다.

남자				
구분	시(時)	일(日)	월(月)	년(年)
지지(地支)		진(辰)		진(辰)

여자				
구분	시(時)	일(日)	월(月)	년(年)
지지(地支)		해(亥)		해(亥)

※ 년과 일에 해당오행이 있으면 남녀구분 없이 원진살이 성립한다.

뱀 + 개 = 사술(巳戌)원진

뱀   개

사경견폐성(蛇驚犬吠聲) : 뱀이 개가 짖으면 놀라서 죽는다.

설화에 의하면 개 짖는 소리에 뱀이 놀라서 사냥을 못 하고 굴속으로 숨어 굶어 죽는다는 의미가 있으며 서로 미워하고 원망한다. 기본원리는 화생토(火生土)이지만 실제로는 화(火)를 무덤으로 끌고 들어가서 움직이지 못하게 고정하는 작용이다.

특히 여자보다 남자에게 더 나쁜 작용을 하는데 이는 남자가 양(陽)의 기운을 사용하지 못해서이다. 따라서 (뱀)남자가 (개)여자를 만나면 성적인 능력이 떨어지고 의지박약해지며 몸이 아픈 경우도 있다.

뱀은 예쁘고 화려한 것을 좋아하고 개도 아름다운 것을 좋아해서 처음에는 서로 호감을 갖고 만나게 된다. 하지만 뱀은 사람들과 어울리고 소통하는 것이 중요한데 개는 배우자나 연인이 되면 내 것, 내

가족이라는 것에 집착이 있는 편으로 배우자를 움직이지 못하게 억압하는 성향이 있어 다툼이 생길 수 있다.

뱀은 크고 화려한 것을 좋아하여 자신을 꾸미는 것에 과감하게 지출하는 편인데 개는 구두쇠 성향이 있어 저축을 잘한다. 개는 쓸데없는 곳에 돈을 쓰지 않기 때문에 뱀의 소비성향을 이해하지 못하여 금전적으로도 사사건건 맞지 않고 부딪히게 되는 경향이 있다.

남자				
구분	시(時)	일(日)	월(月)	년(年)
지지(地支)		사(巳)		사(巳)

여자				
구분	시(時)	일(日)	월(月)	년(年)
지지(地支)		술(戌)		술(戌)

※ 년과 일에 해당오행이 있으면 남녀구분 없이 원진살이 성립한다.

가슴이 먹먹할 때는
눈물도 막혀 나오지 않는다.

네가 없는 그 거리에
슬픔이 가득한데
눈물은 나지 않고
그리움만 쌓여간다.

바람피우는 궁합
(도화살 홍염살)

도화살

桃 복숭아나무 도, 花 꽃 화 (아름다운 꽃에 취하다)

　도화는 연분홍빛 복숭아꽃이라는 의미로 예쁘고 치명적인 아름다움을 지니고 있으며 이성을 유혹하고 색정을 강하게 일으키는 기운이다. 따라서 상대 사주에 도화살이 강하게 작동한다면 연애나 결혼 상대로는 피하는 것이 좋다. 도화는 마약과 같아서 강한 의지로도 그 기운을 멈추기 어렵고 습관적으로 부정을 저지르거나 유혹에 마음이 흔들리기 쉽다.

　사주에 도화살이 있으면 자신만의 독특한 매력이 있고 그 매력은 자연스럽게 이성에게 표현되며 여러 사람들로부터 유혹을 받게 된다. 여성은 팜므파탈(Femme fatale)의 기운을 지녔고 남성은 옴므파탈(Homme fatale)의 기운을 지녔는데 모두 치명적으로 위험하지만 관능적인 매력을 지니고 있다.

그래서 사랑스럽고 주변 사람들로부터 인기가 있지만 그에 따른 구설과 시기 질투도 함께 존재하며 내 남자 내 여자가 아닌 만인의 여자 만인의 남자가 될 가능성이 높은 것이 특징이다.

따라서 상대의 사주에 도화살이 있다면 연애나 혹은 결혼생활 중에 바람을 피울 수 있으며 신뢰를 허무는 배신행위를 할 수 있어 조심해야 한다.

그러나 현대는 폐쇄된 과거 사회와 달리 개방된 문화와 직업적 다양성으로 자신만의 치명적인 매력과 특성을 일과 업무적 재능으로 사용할 수 있는 기회가 많아졌다.

따라서 도화의 에너지를 남녀 간의 관능적 기운이 아닌 자신의 직업으로 사용한다면 큰 성공과 부를 쌓을 수도 있다는 것이다. 특히 예술, 패션, 디자인, 연예인 등의 분야에서 도화는 매우 유용하고 필요한 기운이기도 하다. 왜냐하면 도화에는 대중이 좋아할 수 있는 요소들과 매력이 들어 있기 때문이다.

인간은 누구나 예쁘고 아름다운 것에 이끌리는 본능을 지니고 있다. 꼭 예쁘고 잘생긴 사람뿐만이 아니라 풍경이나 사물 역시 아름답다면 우리의 마음과 시선을 빼앗기는 이유도 이와 같은 것이다.

위대한 모성애도 예쁜 아기의 모습에 마음을 사로잡히기 때문인데 만약 아기가 흉측한 모습으로 태어난다면 모성애는 지금보다 훨씬 더 약해질 수 있다. 도화를 한마디로 표현한다면 '참 예쁘다'이다.

도화는 마약과 같아서 중독성이 있고 처음에는 좋았으나 그 끝은 최악으로 마무리되는 경우가 많다. 처음 만났을 때 낭만적이고 아름다웠던 사람과의 끝은 너저분하고 최악으로 기억될 수 있다는 것이다.

도화의 종류

① 진도화(眞桃花)

주로 운에서 들어올 때 크게 작용하며 이성문제로 인해 시기 · 질투 · 구설 등 망신스러운 일들이 발생된다. 진도화는 자신의 사주에 도화가 없어도 운에 의해 발생될 수 있으며 한 번 발동되면 그 운이 지나가도 여운이 많이 남아 다시 찾거나 그리워하게 되는 특징이 있다. 진도화운은 인기, 유혹, 유흥, 도박, 색정, 재미, 설렘, 착각, 망상 등을 만들며 삶을 깊은 수렁에 빠지게 한다.

- 년(年)/일(日) 기준

자신이 태어난 년(年)과 일(日)을 기준으로 본다.

내가 태어난 해가 돼지해(亥年)이면 쥐띠해(子年)에 진도화가 발생되고 내가 범띠해(寅年)에 태어나면 토끼띠해(卯年)에 진도화 운이 들어오는 것이다.

운에서 진도화가 들어올 때는 특히 이성문제에 주의해야 하며 자신의 행동과 언행이 타인에게 주목받는 현상이 일어난다.

• 도화살표

해묘미(亥卯未) : 자(子)년에 발생

돼지(해亥)	토끼(묘卯)	양(미未)	도화살
			쥐(자子)

돼지띠(일) 토끼띠(일) 양띠(일)는 쥐띠해에 발생된다.

인오술(寅午戌) : 묘(卯)년에 발생

호랑이(인寅)	말(오午)	개(술戌)	도화살
			토끼(묘卯)

호랑이띠(일) 말띠(일) 개띠(일)는 토끼띠해에 발생된다.

뱀(사巳)	닭(유酉)	소(축丑)	도화살
			말(오午)

뱀띠(일) 닭띠(일) 소띠(일)는 말띠해에 발생된다.

원숭이(신申)	쥐(자子)	용(진辰)	도화살
			닭(유酉)

원숭이띠(일) 쥐띠(일) 용띠(일)는 닭띠해에 발생된다.

② **목욕도화**(沐浴桃花)

목욕도화는 나체도화라고도 하며 타인에게 주목받기를 좋아하고 칭찬이나 유혹에 쉽게 동요되며 꾸미고 대중 앞에 잘 나서는 경향이 있다. 여성이 목욕도화가 있으면 부끄러운 짓을 해도 부끄러운 줄 모르고 남성은 부끄럽고 불법적인 짓을 무용담처럼 자랑삼아 이야기하는 경향이 있다.

목욕도화는 옷을 모두 벗고 있어도 부끄러움을 모른다는 의미가 있고 이는 어린아이처럼 순수하고 귀엽지만 철이 없다는 것으로 해석될 수도 있다. 따라서 목욕도화를 직업적으로 사용하면 매우 유용하게 쓰일 때가 많다.

예를 들어 영화배우라면 자신의 신체가 노출되는 영화에 출연하거나 옷을 입고 벗는 패션모델이나 화보를 찍는 등의 행위로 대체할 수 있고 일반인은 옷을 벗어도 괜찮은 장소인 수영장, 여성 전용 마사지나 피부 관리 혹은 수술, 치료 등으로도 도움이 될 수 있다. 목욕도화는 의복과 깊은 관련이 있다.

• **일**(日) 기준
자신이 태어난 일(日)을 기준으로 본다.

갑자(甲子)일, 을사(乙巳)일, 경오(庚午)일, 신해(辛亥)일

자신의 생일이 갑자(甲子)일, 을사(乙巳)일, 경오(庚午)일, 신해(辛亥)일생이 해당되고 그 외에도 나체도화에는 정묘(丁卯)일, 기묘(己卯)일, 계유(癸酉)일까지 포함된다.

목욕도화는 일(日)만 해당되며 년(年)에서는 목욕도화를 잘 적용하지 않는다. 과거는 노출된 의복 자체가 없었지만 현대는 노출된 의복이 일상화되었기 때문에 년에 있는 목욕도화는 의미가 없어졌다.

· 예시 ·

구분	시(時)	일(日)	월(月)	년(年)
천간(天干)		갑(甲)		
지지(地支)		자(子)		

갑자(甲子)일주

선민의식과 우두머리 기질이 강하고 사교성이 좋으나 결정 장애가 있어 실제 행동이 소심한 편이다. 멋 부리고 꾸미기를 좋아하고 유혹에 약하나 자존심은 강한 편이다. 또한 감정기복이 심한 편이며 감성이 풍부해서 예술 분야에 재능이 있고 조용히 사색을 즐기는 편이다.

을사(乙巳)일주

인행이 자유롭고 창의성이 있으며 자신이 가진 재능을 매우 효율적으로 표현하는 능력을 지니고 있다. 쉽게 사랑에 빠지고 쉽게 식는 경향이 있어 깊은 연애나 사랑을 하기 어려운 단점이 있다. 성격은 적극적이고 추진력이 강해 한번 시작하면 끝장을 보는 기질이 있다.

경오(庚午)일주

걸보기에는 점잖고 모범생처럼 보이지만 이성에 대한 욕심과 집착이 매우 강한 편이며 여성의 경우 남편이 부정을 저지르는 경우가 많아 결혼생활 내내 남편의 외도로 인해 힘들 수 있다. 남성은 허세와 집착이 있고 의심이 많아 부부간 다툼이 잦고 신뢰가 약한 편이다.

신해(辛亥)일주

차갑고 예민한 성격이지만 외모와 언변이 뛰어나 한 번에 이성을 사로잡는 매력이 있으며 남성은 과시욕과 허세가 있고 여성은 사치와 허영심이 있다. 또한 남성은 호색가로 여자에 관심이 많고 여자는 자식을 낳고 나면 배우자와 멀어지는 경향이 있다. 그러나 자신이 좋아하는 사람에게는 애교가 많고 사랑스런 모습을 보여주기도 한다.

③ 편야도화(遍野桃花)

편야도화는 예쁘지만 길가에 흔하게 핀 들꽃이란 의미로 누구나 쉽게 접근할 수 있고 소유할 수 있는 기운이다. 사람으로 비유하면 술집, 카페, 식당, 찻집, 노래연습장 등 유흥업소 종사자와 이성을 상대하는 모든 직업에 해당한다고 할 수 있다.

따라서 이러한 기운을 직업적으로 잘 사용한다면 긍정적이지만 만일 개인적으로 사용한다면 남녀 모두 이성관계가 복잡하고 문란하여 삶이 매우 힘들어질 수 있다.

> 도화가 연속해서 있으면 이 집 저 집에 치마를 걸고
> 모든 남자를 지아비라고 부른다. 옥 같은 두 팔은 천 사람의 베개요,
> 선홍빛의 붉은 입술은 만 명을 맛본다. -삼명통회-

자신의 사주에 자오묘유(子午卯酉)가 모두 있거나 운에서 들어와 지지에 4개의 글자가 모두 완성되면 해당된다.

· 예시 ·

구분	시(時)	일(日)	월(月)	년(年)
천간(天干)				
지지(地支)	酉	午	卯	子

④ 녹방도화(祿榜桃花)

녹방도화란 미모나 재능이 세상에 널리 알려져 유명해진 사람을 의미한다. 삼명통회에 따르면 양귀비가 아름다운 것도 녹방도화 때문이라고 인용할 만큼 녹방도화의 위력은 대단하다.

녹방은 단순히 예쁜 것만이 아니라 재능과 권력욕 그리고 집념과 야심까지 갖춘 특별한 매력이 있어 경우에 따라서는 가정은 물론이고 사회나 국가까지 영향을 미칠 수 있는 치명적인 기운을 지니고 있다. 녹방도화는 일간이 음간일 때만 해당되고 주로 여성에게만 적용된다.

자신이 태어난 일간이 음간(乙丁己辛癸)이면서 일간(日干)과 월지(月地)의 음양과 오행이 서로 같은 글자이면 녹방도화에 해당한다.

묘(卯)월에 태어난 을(乙)일간, 오(午)월에 태어난 정(丁)일간,
유(酉)월에 태어난 신(辛)일간, 자(子)월에 태어난 계(癸)일간이다.

· 예시 ·

구분	시(時)	일(日)	월(月)	년(年)
천간(天干)		을(乙)		
지지(地支)			묘(卯)	

⑤ 곤랑도화(滾浪桃花)

도화살 중에 가장 지저분하고 나쁘게 작용하는 기운이며 색욕과 음란함으로 몸과 정신을 황폐화시키고 성병 등 각종 질병으로 단명하게 되는 최악의 도화살이라고 할 수 있다. 한의학에서는 이성관계가 많고 문란하면 여성은 자궁과 방광이 망가지고 남성은 신장과 방광이 상해 장수할 수 없다고 기록되어 있다.

특히 곤랑도화가 위험한 것은 미혼자들뿐 아니라 기혼자들에게 더 강하게 작용하는 경우가 많아 가정파괴와 자녀문제 등 무분별한 이성관계로 인한 사회적 문제로 발전하여 사회 공동체까지 파괴될 수 있는 심각한 상황이 될 수 있다는 점이다.

• 일(日)/시(時) 기준

자신이 태어난 일(日)과 시(時)에만 해당하며 천간은 합(合)이 되고 지지가 형살(刑殺)이 되면 곤랑도화에 해당한다.

• 예시 •

구분	시(時)	일(日)	월(月)	년(年)
천간(天干)	신(辛)	병(丙)		
지지(地支)	묘(卯)	자(子)		

⑥ 홍염살(紅艶殺)

도화살의 일종으로 외모가 출중하며 적극적이고 유흥과 풍류를 즐기는 편이다. 성향은 친절하고 다정다감하며 주색을 좋아하여 이성과 금세 친해지고 깊은 관계 맺기를 즐기는 편이다. 도화살에 비해 더 개인적이고 은밀한 경향이 있으며 이성관계도 능동적인 모습을 보이는 것이 특징이다.

즉 도화는 상대가 자신에게 다가오게 만든다면 홍염은 자신이 마음에 드는 상대에게 적극적으로 표시하고 접근하는 경향이 있다. 여성은 나이가 들어도 아름답고 남성에 대한 열망이 강한 편이며 남성은 꾸미기를 좋아하고 색욕이 강하지만 지구력은 약해 쉽게 지치는 편이다.

홍염살은 주로 젊은 사람보다는 나이가 어느 정도 든 30대 이후에 발현되며 40~50대까지도 그 기운이 강하게 작용한다.

- 일(日) 기준

자신이 태어난 일(日)을 기준으로 본다.

갑오(甲午)일, 병인(丙寅)일, 정미(丁未)일, 무진(戊辰)일, 경술(庚戌)일, 신유(辛酉)일, 임자(壬子)일

• 예시 •

구분	시(時)	일(日)	월(月)	년(年)
천간(天干)		갑(甲)		
지지(地支)		오(午)		

구분	시(時)	일(日)	월(月)	년(年)
천간(天干)		신(辛)		
지지(地支)		유(酉)		

※ 갑오(甲午)와 신유(辛酉)가 홍염작용이 강한 편이며 주로 여성에게 작용하는 기운으로 웃는 모습이 특히 매력적이다.

⑦ 고란살(孤鸞殺)

고란살의 어원은 외로운 새가 밤새 슬피 우는 모습을 형상화한 것으로 고란살에 해당하면 남녀 모두 배우자 인연이 약하여 혼인을 해도 오래 같이 살지 못하고 한쪽 배우자가 떠나 결국 혼자 살게 된다는 의미를 지니고 있다.

과거에 혼인이라는 제도는 필수 불가결한 사회질서였지만 현재는 혼인이 개인적 선택으로 변화된 만큼 고란살도 현대적으로 재해석할 필요가 있다.

고란살을 현대적으로 재해석하면 상대가 없어 결혼하지 않는 것이 아니라 혼자 사는 것이 같이 사는 것보다 더 즐겁고 편하기 때문이라는 것이다. 실제 비혼주의가 있고 연애나 이성간 사랑 없이도 행복하게 잘 사는 솔로들은 많이 있다.

즉 때로는 쓸쓸하고 외로워도 독립적이고 남의 간섭을 받지 않는 삶을 선호하는 것이다. 그러나 이성에 대한 갈망이 있음에도 불구하고 외롭게 혼자 사는 경우가 훨씬 더 많은 것도 현실이다. 이는 상대에 대한 잔소리, 간섭 등 배타적인 기운이 강하기 때문인데 주말부부나 서로의 다름을 이해하고 받아들이면 관계가 회복되기도 한다.

• 일(日) 기준
자신이 태어난 일(日)을 기준으로 본다.

갑인(甲寅)일, 을사(乙巳)일, 정사(丁巳)일, 무신(戊申)일, 신해(辛亥)일

· 예시 ·

구분	시(時)	일(日)	월(月)	년(年)
천간(天干)		을(乙)		
지지(地支)		사(巳)		

구분	시(時)	일(日)	월(月)	년(年)
천간(天干)		정(丁)		
지지(地支)		사(巳)		

※ 고란살의 기운은 을사(乙巳), 정사(丁巳) 일주가 가장 강한 편이고 고란살이 있으면 꾸미기를 좋아하고 외모가 화려한 편이다.

⑧ 괴강살(魁罡殺)

괴강살의 어원은 만인을 이끄는 우두머리 혹은 지도자란 의미를 가지고 있다. 실제 괴강살이 있는 사람은 카리스마가 있고 리더쉽이 강하며 의지와 추진력이 있다. 또한 능력과 미모까지 겸비한 경우가 많아 부러움의 대상이 되는 경우가 많지만 반대로 시기와 질투도 많이 받는 편이다.

여성은 남편보다 사회적으로 더 성공하거나 능력이 있는 경우가 대부분이어서 남편 입장에서는 위축되고 무시당하는 느낌을 받기도 한다. 또한 고집이나 자기주장이 강하여 회사에서는 인정받고 출세하지만 가정은 소홀할 때가 많아 백년해로하기 어렵다. 실제 여성에게 괴강살이 있으면 이혼율이 높으며 혼자 독신으로 사는 경우도 흔하다.

괴강은 능력이 있는 여성이 독신으로 자유롭게 사는 모습이라고 할 수 있는데 말년은 외롭고 쓸쓸한 경우가 많아 노년에 혼인하는 경우도 종종 있다.

그래서 과거에는 여성에게 괴강살이 있으면 고집이 세고 남편의 뜻을 따르지 않고 자기 멋대로 행동한다고 하여 매우 나쁜 기운으로 취급했지만 현대에는 여성의 사회적 진출이 일상화되었고 능력에 따라 성차별이 없기 때문에 괴강살이 과거처럼 꼭 나쁜 것만은 아니라는 것이다. 따라서 괴강살이 있는 부부는 서로 배려하고 상대 입장에서 대화하는 것이 중요하다. 특히 괴강살은 여성에게 문제가 되는 기운이다.

- **일**(日) **기준**

자신이 태어난 일(日)을 기준으로 본다.

경술(庚戌)일, 경진(庚辰)일, 임진(壬辰)일, 무술(戊戌)일

· 예시 ·

구분	시(時)	일(日)	월(月)	년(年)
천간(天干)		경(庚)		
지지(地支)		술(戌)		

※ 괴강살은 경술(庚戌), 경진(庚辰), 임진(壬辰), 무술(戊戌) 외에도 임술(壬戌) 등이 있는데 괴강의 특성이 조금 약한 편이다.

너는 내 심장
수많은 사람 중에
오직 너만 내 심장을
뛰게 할 수 있어

넌 내 심장이니까

그래서 내 사랑은
잠시도 멈추지 않아

일주궁합의 의미
(배우자 선택)

일주란 자신이 태어난 날, 즉 생일을 의미한다.

앞서 띠궁합이 태어난 년(年)을 서로 비교한 것이면 일주궁합은 자신이 태어난 날인 **자신의 생일과 상대방의 생일을 비교하여 맞춰보는 것이다.**

일주궁합에서 가장 좋은 것은 서로 합(合)하거나 생(生)해주는 구조이며 이를 상생궁합, 합(合) 궁합 등으로 부른다.

반대로 최악의 궁합은 서로 충(沖)하거나 극(剋)하는 구조로 이를 상극 궁합, 충(沖) 궁합이라고도 한다.

좋은 궁합은 평생 서로 돕고 상생하며 백년해로하지만 나쁜 궁합은 다툼이 잦고 서로 원망하며 주말부부, 별거, 이혼, 사별 등의 형태로 나타날 수 있다. 따라서 나쁜 궁합이 오랫동안 부부생활을 유지하다 보면 삶의 질은 떨어질 수밖에 없다.

일주오행궁합은 두 사람의 가치관과 기본성격, 삶의 방향성, 의지, 협조나 협동, 무의식의 긍정과 부정의 작용, 개인적 취향과 열정, 희망, 이상향 등에 무수히 많은 영향을 미친다.

따라서 일주오행궁합은 합충과 생극뿐 아니라 흘러가는 대운까지 면밀히 대입하여 살펴야 한다.

이외에도 오행궁합은 자신의 사주팔자에서 가장 중요하다. 나에게 꼭 필요한 오행이 상대방의 일간이거나 월지에 있을 때 좋은 작용을 한다고 판단한다.

하지만 사주가 서로 비슷한 오행으로 구성되어 있고 태어난 계절이 비슷하면 쌍둥이처럼 생각이 비슷하고 이해나 소통이 잘 되는 편이다.

이는 비슷한 시기에 태어나서 함께 사는 동물들이 서로를 이해하고 잘 어울리는 것과 같은 현상으로 흥미롭거나 끌림 현상은 약하지만 편안하고 익숙한 것이 장점이다.

오행궁합은 주로 성격부분과 일적인 부분에 영향을 미치며 오행궁합이 잘 맞으면 함께 일할 때 시너지효과가 나타나고 상호 부족한 부분을 보완해 주는 역할을 하기도 한다.

좋은 일주궁합
(만나야 할 인연)

좋은 일주궁합은 열정과 냉정이 혼합되어 있으며 사랑과 현실이 적당히 균형을 이루고 있다.

결혼생활에서 가장 중요한 것은 열정과 냉정이 조화를 이루는 것이다. 대부분의 이별은 제각기 다른 얼굴을 하고 있지만 속사정은 모두 비슷한 과정을 거치고 있다.

더 이상 참는 것도 노력하는 것도 싫어지고 상대가 불편하게 느껴질 때 우리는 이미 기진맥진한 상태가 되어 이별을 생각하게 된다.

그때 일주궁합이 잘 맞는다면 다시 관계를 복원시켜 주는 능력이 발휘되는 것이다. 아무리 사랑하는 관계도 때로는 힘들고 지치고 떨어져 있고 싶은 순간이 있다. 좋은 일주궁합은 힘들고 어려울 때 위로가 되며 지치지 않게 서로의 울타리가 되어준다.

좋은 일주궁합

내가 태어난 날(생일)이 기준이다.

서로 상생구조 혹은 합이 되어 있을 때 나타나는데 아래 예시처럼 천간은 병신합, 지지는 인해합으로 천지덕합이 되었을 때 궁합이 좋다고 할 수 있다. 이렇게 좋은 일주궁합의 특성은 부부가 서로 힘들고 어려울 때 서로에게 힘이 되어주기 때문에 긴 시간을 함께 살아가는 동반자로서 삶의 질이 높아진다.

남자 (호랑이날)

구분	시(時)	일(日)	월(月)	년(年)
천간(天干)		병(丙)		
지지(地支)		인(寅)		

여자 (돼지날)

구분	시(時)	일(日)	월(月)	년(年)
천간(天干)		신(辛)		
지지(地支)		해(亥)		

나쁜 일주궁합

내가 태어난 날(생일)이 기준이다.

서로 상극구조 혹은 상충이 되어 있을 때 나타나는데 천간은 갑경극이 되어 있고 지지는 인신충으로 천극지충 되었을 때 궁합이 나쁘다고 할 수 있다. 이렇게 나쁜 일주궁합의 특성은 남녀가 처음에는 강력히 끌림 현상이 있으나 시간이 갈수록 관계가 훼손되고 서로에게 상처와 고통을 주기 때문에 긴 시간을 함께 버티지 못하고 헤어지는 경우가 많다.

남자 (호랑이날)

구분	시(時)	일(日)	월(月)	년(年)
천간(天干)		갑(甲)		
지지(地支)		인(寅)		

여자 (원숭이날)

구분	시(時)	일(日)	월(月)	년(年)
천간(天干)		경(庚)		
지지(地支)		신(申)		

♥사랑은 지치지 않는 것이 중요하다♥

사랑은 마라톤이다.
사랑에 있어 가장 중요한 것은 열정이 아니라 지치지 않는 것이다.
서로의 마음을 얼마나 오래 유지 할 수 있는지가 사랑의 성패를 결정한다.

사랑은 뜨거운 것보다 가끔은 차가운 것이 더 필요한 경우도 있다.
냉정하고 이성적인 판단은 현실에서 사랑을 지킬 수 있는 힘이 되기 때문이다.

이성이 빠진 열정은 사랑을 금세 흔들고 쉽게 지치게 한다. 냉정과 열정이 같이 있는 사랑만이 오랫동안 변질되지 않고 그 향기를 유지할 수 있다.

그래서 외로울 때나 힘들 때 만난 사랑은 자유가 찾아오고 평온해지면 변질되기 쉬운 것이다. 사랑했던 이유가 사라지면 마음도 금세 따라 식기 때문이다.

순수한 사랑은 마음만으로 할 수 있지만 그 순수한 사랑을 계속 유지하고 지키는 것은 냉철한 이성이다.

열정만 있는 사랑은 미숙하고
냉정만 있는 사랑은 늙었다.

사랑은 열정과 냉정이 적절하게 결합되었을 때가 가장 이상적인
관계가 된다. 사랑은 완벽한 것이 아니다. 사랑은 서로 부족한 것을
채워주는 과정이다.

연애는 열정이 필요하고 결혼은 냉정이 필요하다. 일주궁합은 열정
과 냉정을 함께 지니고 있다. 어떤 것이 우선이든 지치지 않게 조절
하고 공감하며 소통하는 것이다.

  냉정, 사랑을 유지하는 힘
  열정, 사랑을 시작하는 힘

일간궁합
(같은 방향을 보다)

일간궁합은 속도가 아닌 방향과 공간이 더 중요하다.
사랑하는 동안 우리는 꿈을 꾸고 있는 것이다.
꽃밭을 맴도는 나비의 날갯짓이 바람이 되어 향기를
만드는 것처럼 우리는 사랑 안에서 향기로운 꿈을 꾸며
아름답게 살 수 있다.

일간궁합은 주로 가치관, 정신적 성향, 냉정함, 현실성, 소유욕
등을 나타내며 대외적으로 남들에게 보여지는 모습이 되기도 한다.
일간은 나 자신으로 가장 기본이 되는 궁합이다.

남자가 양(+)이고 여자가 음(−)일 때만 좋은 일간궁합이 성립된다
는 주장과 남녀구분 없이 합은 모두 성립된다는 주장이 있으나 임상
결과는 여자가 양(+)이고 남자가 음(−)일 때도 비슷한 효과가 나왔다.

따라서 남녀 구분 없이 합은 모두 성립된다고 보는 것이 타당할 것이다.

천간의 양(+)은 갑 병 무 경 임(甲 丙 戊 庚 壬)이고
천간의 음(-)은 을 정 기 신 계(乙 丁 己 辛 癸)이다.

일간궁합은 나의 모습이 외부환경이나 사회에서 어떤 방향성을 갖는지를 보는 것이다. 일간궁합이 맞으면 부부가 같은 방향을 지향하고 바라볼 수 있다. 같은 공간에서 같은 방향을 바라본다는 것은 같은 꿈을 꿀 수 있다는 의미로 해석될 수도 있다.

부부는 오랜 시간 함께 있어야 할 대상으로 같은 목적과 같은 방향성을 지닌다는 것은 매우 중요하다.

♥ 사랑은 이유가 없다 ♥

그냥 너여서 행복하니까….
매일 네가 내 하루 속에 있었으면 좋겠어.

온종일 사랑해….

갑목(甲木)과 기토(己土)가 만났을 때

갑목   기토

| 갑목 + 기토 = 갑기합(甲己合) |

갑목(甲木)의 의지와 명예 + 기토(己土)의 현실성과 실리가 만나 서로 보완되는 중간성향이 만들어지며 이를 중정지합(中正之合)이라고 한다. 따라서 갑목이 기토를 만나면 이상과 명분을 현실에 맞게 다시 설계하거나 수정하여 실행하려는 모습을 보이고 기토가 갑목을 만나면 자신의 실리나 이익을 조절하고 명예를 추구하게 된다.

자존심이 강한 갑목은 남에게 아쉬운 소리를 하지 못해 실속이 없는 편이다. 하지만 필요에 따라서 남에게 고개 숙이며 실속을 잘 챙기는 기토와 만나면 갑목은 실속을 챙길 수 있어 궁합이 잘 맞는다. 또 기토는 갑목으로 인해 대외적인 명예 등으로 자존감을 높일 수 있는 관계가 될 수 있다.

│ 갑목(甲木) 일간의 특징 │

갑목은 껍질을 벗은 나비처럼 세상 밖으로 나온 봄의 기운이다. 어린아이처럼 순수하고 호기심이 많으며 모든 것들과 관계하고 싶은 의지를 지니고 있다. 자신만의 확고한 신념과 이상이 있고 한번 마음 먹으면 강한 의지와 실행력까지 갖추고 있다.

그러나 자존심이 너무 강하고 선민의식이 있어 타인과 마찰이 잘 생기며 구체적인 계획 없이 자신의 의지대로 성급하게 행동하는 경향이 있고 실수가 많은 편이다. 아이처럼 서툴지만 성품이 착하고 순수한 마음이 있어 이성에게 큰 매력이 될 수 있다.

│ 기토(己土) 일간의 특징 │

기토는 만물이 성장할 수 있게 기본 터전을 만들어 주는 땅의 기운이다. 따라서 자신을 낮추고 작은 것에 연연하는 모습을 보이며 사람들과 쉽게 친해지고 어울리기 좋아하며 힘들고 궂은일도 자존심을 내세우지 않고 잘하는 편이다.

그러나 속마음은 손해 보기를 싫어하고 계산적이며 자기중심적으로 실리를 추구하는 경향이 매우 강한 편이다. 그럼에도 다정다감하고 눈치가 빠르며 자신을 낮출 수 있는 모습은 이성에게 편안함으로 작용한다. 연애스타일은 현실적이고 조건을 중요하게 생각하지만 외모나 느낌에 한순간 무너지기도 한다.

을목(乙木)과 경금(庚金)이 만났을 때

을목   경금

| 을목 + 경금 = 을경합(乙庚合) |

을목(乙木)의 귀여움과 무성함 + 경금(庚金)의 노련함과 목적지향성이 만나 서로 보완되는 중간성향이 만들어지며 인의지합(仁義之合)이라고 한다. 을목이 경금을 만나면 강한 활동성이 경험과 만나 이것저것 번잡스럽게 하던 일을 정리해서 목적 실현에 도전하게 되고 경금이 을목을 만나면 자신의 추진력과 노련함에 을목의 참신함과 순수함을 더해 부드럽고 유연하게 일을 성사시킨다.

또 성향적으로 싫증을 잘 내는 을목에게 경금은 선물 공세로 을목의 마음을 사로잡을 수 있으며 소유욕과 욕망이 강한 경금에게 을목은 신선한 아이디어와 귀여움으로 좋은 궁합이 될 수 있다. 함께 욕망을 실현하려는 성향이 강해진다.

| 을목(乙木) 일간의 특징 |

을목은 햇살 가득한 들판에 꽃이 만발한 봄의 기운이다. 모든 것이 신기하고 흥미로워 이것저것 관계 하려는 번잡스러움이 있지만 그 모습이 어린아이처럼 예쁘고 귀여워서 사람들의 사랑을 이끌어 낸다.

성향적으로는 사람들과 어울리기를 좋아하며 연애도 잘하는 편이다. 다만 쉽게 싫증을 내는 편이고 지구력이 약해서 한 가지 일이나 사람에게 집중하지 못하는 경향이 있다. 그럼에도 이성의 마음을 사로잡는 순수하고 여성적인 매력이 있어 인기가 많은 편이다.

| 경금(庚金) 일간의 특징 |

경금은 한 번 목표가 설정되면 매처럼 돌진하는 강한 추진력과 돌파력을 지닌 가을의 기운이다. 가을은 결실의 계절이며 결실은 갖고 싶은 욕망과 소유욕을 만든다. 그래서 경금은 자신이 욕망하는 것을 향해 돌진하고 추진하는 강력한 목표지향성을 갖게 되는 것이다.

사랑에 있어서도 자신이 선택한 사람에 대해 저돌적이고 능동적인 경향을 보여 경우에 따라서는 상대를 부담스럽게 하거나 뒤로 물러서게 만들기도 한다. 그럼에도 남성적이고 베풀기를 좋아하기 때문에 이러한 성향은 이성에게 큰 매력이 될 수 있다.

병화(丙火)와 신금(辛金)이 만났을 때

병화   신금

| 병화 + 신금 = 병신합(丙辛合) |

병화(丙火)의 성장성과 맹렬함 + 신금(辛金)의 집중력과 정밀함이 만나면 서로 보완되는 중간성향이 만들어지며 위제지합(威制之合)이라고 한다. 보석처럼 아름답지만 차갑고 예민한 신금은 표현하지 않아도 남들이 알아주길 바라는 마음을 갖고 있다. 그래서 통이 크고 리더십이 있는 병화를 만나면 신금의 가치를 화려하게 표현해 주기 때문에 서로 잘 어울린다. 병화의 쓸데없는 오지랖을 신금이 잘 막아주고 잘라주기 때문에 서로 잘 어울리는 궁합이 될 수 있다.

| 병화(丙火) 일간의 특징 |

병화는 열정이 가득한 청년처럼 다소 과장되고 에너지가 넘치는 여름의 기운이다. 외향적으로는 추진력이 강하고 물러섬이 없는 장수 같지만 실제로는 마음이 여린 편이고 겁이 많아 큰일에서는 뒤로 슬쩍 물러서는 경향이 있다.

그러나 사람들을 이끄는 화려한 표현력과 통 큰 남성다움이 있어 이성에게 인기가 있는 편이다. 성격적으로는 참견하기 좋아하고 허세가 있는 편이며 주목받는 것을 좋아하는 경향이 있다. 연애태도는 적극적이고 열정적이지만 그 기간은 오래가지 못하는 단점이 있다.

| 신금(辛金) 일간의 특징 |

신금은 보석처럼 차갑고 쓸쓸하지만 아름답고 풍요로운 가을의 기운이다. 보석은 그 가치에 맞는 대접을 받고 싶어 한다. 그래서 타인과 구분되길 원하고 자신의 아름다움을 보존하는 것에 모든 역량을 집중하는 경향이 있다.

그래서 자존심이 강하고 자신을 잘 낮추지 못해 다소 냉소적이고 건방져 보이기도 한다. 그러나 속마음은 착한 편이며 상처를 잘 받고 그것을 잘 못 잊는 성격으로 인해 스스로에게 고통을 주는 경향이 있다.

신금은 보석이라는 이름에 걸맞게 미남 미녀가 많고 조각 같은 아름다움을 지닌 사람들이 많다. 연애스타일은 한번 정하면 오래가는 편이고 시기 질투심이 다소 강하다.

정화(丁火)와 임수(壬水)가 만났을 때

정화   임수

| 정화 + 임수 = 정임합(丁壬合) |

정화(丁火)의 집중력과 충심성 + 임수(壬水)의 포용력과 상상력이
만나면 서로 보완되는 중간성향이 만들어지며 음란지합(淫亂之合)이라
고 한다. 정화가 임수를 만나면 정화의 집중력과 몰입력이 임수의 꿈
과 이상을 만나 멋지게 펼쳐질 수 있고 임수가 정화를 만나면 임수의
현실성 없는 많은 꿈에 집중력이 만들어지고 현실화된다.

| 정화(丁火) 일간의 특징 |

정화는 어둠 속에서 은은히 빛을 내는 수줍은 촛불의 모습처럼 아
름답지만 열정적인 여름의 기운이다. 오직 한 가지 목표나 한 사람에
게 온 정성과 노력을 집중하는 모습이다. 그래서 한 사람을 좋아하면
그 사람만 보이고 그 사람에게 충성하는 경향이 있다.

현실적이지만 낭만적인 성향도 함께 있어 자신의 마음에 따라 행

동이 크게 상반된 모습을 보이기도 한다. 연애스타일은 열정적이고 낭만적이며 연애기간은 오래가는 편이지만 집착과 지나친 몰입으로 힘든 연애가 되지 않도록 주의해야 한다.

| 임수(壬水) 일간의 특징 |

임수는 드넓은 바다처럼 광활한 무한의 크기를 지니고 있는 겨울의 기운이다. 그래서 흔히 꿈의 세계라고도 한다. 모든 활동이 끝난 후 잠든 상태에서 정신은 더 크게 움직이고 상상력은 더 크게 펼쳐진다.

그래서 임수는 포용력이 있으며 미래지향적인 성향을 지니고 있다. 자신의 꿈과 이상을 실현하기 위해 강한 의지와 실행력을 갖추는 데 집중하는 경향이 있다.

연애스타일은 신중한 편이지만 자신이 마음에 드는 이성을 만나면 적극적이고 집요하게 접근하는 경향이 있다. 꿈처럼 다소 허황되고 과장되기도 하지만 재미있고 흥미로운 성격으로 인해 이성에게 인기가 있고 사람들을 모이게 하는 능력이 있다. 또 이성에 대한 욕망이 강한 편이어서 흔히 양다리나 어장관리를 하다가 낭패를 보는 경우도 자주 생기는 편이다.

무토(戊土)와 계수(癸水)가 만났을 때

무토   계수

| 무토 + 계수 = 무계합(戊癸合) |

무토(戊土)의 자존심과 명예 + 계수(癸水)의 의존성과 생존력이 만나 서로 보완되는 중간성향이 만들어지며 이를 무정지합(無情之合)이라고 한다. 무토의 높은 정신세계와 계수의 의존성이 만나면 무토는 자신의 존재감을 확인하고 실속과 지혜가 생긴다. 또 의존적이고 소심한 계수는 연애를 할 때에도 자신이 리드하기 어렵고 수동적이다. 무토의 남성스러움과 듬직함은 계수를 자연스럽게 리드할 수 있어 서로 잘 어울리게 된다. 하지만 둘 사이는 필요에 의한 정략적인 관계가 되기 쉽다.

| 무토(戊土) 일간의 특징 |

무토는 높고 깊은 산처럼 접근하기 어렵고 신성함이 있는 가을의 기운이다. 그래서 자존심이 강하고 명분과 체면을 중시하며 멋진 모습만 보여주려는 경향이 있지만 실리와 실속이 약한 것이 단점이다.

연애스타일은 남성적이고 의리와 책임감이 있어 이성에게 신뢰감을 주는 편이지만 다소 딱딱하고 무뚝뚝한 편이어서 즐거움이 약한 것이 흠이다. 또한 겉모습은 체면과 명분이 중요한 것처럼 보이지만 속마음은 은밀한 욕망이 강한 편으로 다소 이중적인 성향을 보이기도 한다.

| 계수(癸水) 일간의 특징 |

계수는 조용히 세상을 적시는 차가운 빗방울처럼 마음을 물들게 하는 겨울의 기운이다. 겉으로는 소극적이고 약해 보이지만 사람들의 정신과 마음을 지배할 수 있는 집요함과 비밀스러운 무서움이 있다. 봄비가 생명을 살리는 역할을 하듯이 계수는 숭고한 희생정신이 있고 타인에 대한 배려와 인내심이 많은 편이다.

그래서 계수에게 자신의 고민이나 비밀을 털어놓아도 편하고 안전함을 느낀다. 모든 것이 어둠 속에 묻히기 때문이다. 연애스타일은 소극적이지만 일단 연애가 시작되면 안정감이 있고 편안해진다. 다소 의존성이 강하지만 엄마 같은 모성애가 있어 이성에게 인기가 있고 한 사람과 관계를 맺으면 최선을 다해 관계를 유지하려는 성향이 있다.

삼합궁합은 궁합의 완전체

부부의 인연은 전생에서 온 것

많은 사람들 중에 그대를 만난 것은 결코 우연이 아니다.

♥ 합은 같은 방향을 바라보는 것이다 ♥

사랑은 같은 곳을 바라보는 것이다.

같은 소망
같은 믿음
같은 의지

너와 내가 다르지 않아
다 주어도 아깝지 않다.

일지궁합
(내 영혼의 반쪽)

일지궁합은 사랑과 삶의 모든 사건사고이다.

일지궁합이 잘 맞는다는 것은
둘은 이미 전생에 인연이 있었다는 증거

일지는 사건사고, 열정, 사랑, 애정, 성격, 개인적인 재능, 능력, 자신이 잘하고 좋아하는 것 등이 내포되어 있다. 일지는 배우자 자리로 궁합에서 가장 중요한 의미가 있다.

실제 궁합에서 부부가 함께 살고 못 사는 것에 가장 큰 영향을 미치고 있으며 다른 궁합이 다 맞아도 일지궁합이 안 맞으면 백년해로 하기 어렵다는 말이 있을 정도이다. 주로 실질적인 부부관계 및 무의식적인 끌림 현상까지 포함하고 있으며 서로 합(合)이나 상생(相生)관계가 되면 좋지만 충극형살(沖剋刑殺)이 있으면 나쁘다고 판단한다.

이는 일지가 배우자 궁(자리)이기 때문이다. 가장 나쁜 궁합은 천간에서 극(剋)하고 지지에서 충(沖)하는 것이다. 이를 천극지충(天剋地沖)이라 하여 '서로 부딪쳐서 깨진다'는 뜻으로 최악의 궁합으로 본다. 반대로 천간지지 모두에서 합한다면 천지덕합(天地德合)이라 하여 최고의 궁합으로 보기도 한다. 그러나 일부 천지덕합 사주는 집착과 시기 질투로 인해 부부관계가 나빠지는 경우도 있다.

궁합에서 충극이 나쁜 이유는 심리적으로 긴장감과 예민함을 만들어 불안과 불편함이 잘 발생되고 자기주장이 강하여 상대에 대한 배려와 이해가 부족해진다. 또한 개인적이나 사회적으로 사건 사고가 많이 일어나며 경우에 따라서 아프거나 다치거나 심지어 생명이 위태로울 수도 있다.

특히 일지궁합은 부부관계뿐 아니라 자식에게도 영향을 미칠 수 있기 때문에 맞지 않을 경우, 결혼을 심각하게 다시 고려해 봐야 한다.

일지궁합은 자신이 태어난 생일날을 보는 것으로 정식 명칭은 일지라고 한다. 일지는 배우자 자리이기도 하지만 자신이 가장 잘할 수 있고 좋아하며 개인적인 특성을 가장 많이 지니고 있는 곳이다.

따라서 일지궁합이 잘 맞으면 남녀가 서로 좋아하는 것과 잘하는 것, 취미까지도 비슷하고 잘 보완될 수 있어 좋다.

삼합궁합
(영원한 내 짝)

삼합은 지지에서 일어나는 합이며 주로 사람들과의 관계에 대한 이야기이다. 따라서 다양한 사람들과 연관되어 있으며 일과 업무, 사랑과 배신, 협력과 의리 등 그 형태도 다소 복잡하게 연결되어 있다.

일지가 상대와 삼합궁합이 되었다면 헤어져도 다시 만날 만큼 그 연관성이 매우 강력하다. 전생의 인연으로 만나는 삼합은 합(合) 중에서도 가장 이상적이고 결합도가 높은 특징이 있다.

자신의 일지와 상대방의 일지가 삼합으로 구성되어 있으면 일지 삼합궁합이 된다. 일지를 포함한 삼합은 최고의 궁합이 된다. 이는 남녀 간의 애정뿐 아니라 함께 같은 목적과 의지, 방향 등이 결합되어 있기 때문이다.

부부 상호 간에도 협동과 협조가 잘 이루어지고 비슷한 목적을 가지고 있으며 상호 이해와 포용심이 있다. 또한 함께하면 발전 가능성이 높아 백년해로할 가능성이 높다. 전생의 좋은 인연이 계속되어야 다시 만날 수 있다는 말이 있을 정도로 궁합 중의 왕이라고 할 수 있다.

따라서 설령 각자 사주에 나쁜 기운이 있다고 하여도 삼합궁합을 만나면 안 좋은 기운이 완화되거나 사라지기도 한다.

그러나 삼합궁합이 지나치게 강하거나 나쁜 기운으로 바뀌어 사용될 때에는 서로 각자의 일을 멀리하고 함께 붙어 있으려고만 하거나 상대를 소유하고 집착하는 성향도 나타날 수 있으므로 주의해야 한다.

따라서 삼합궁합이 된 부부는 함께 공동의 일과 취미를 갖는 것이 매우 유효하다.

삼합궁합의 종류

| 목(木)의 기운 : 해(亥) + 묘(卯) + 미(未) |

돼지　　　　토끼　　　　양

　해·묘·미 삼합은 아침의 기운과 봄의 기운을 함께 가지고 있다. 아침과 봄의 기운은 일단 시작하고자 하는 강한 의지와 생소한 것들에 대한 관심과 실행력이다. 성향은 개인 중심적이며 생각이 미래지향적이고 시작을 잘 하지만 마무리가 잘 안 되는 단점이 있다. 그러나 아이처럼 순수하고 귀여운 기운이 있어 실수나 잘못을 하여도 용서와 이해를 잘 받으며 늘 주변에 도와주려는 사람들이 있다.

　궁합에서 해·묘·미 삼합이 완성되면 적극적인 성향이 만들어지고 자신이 중심이 되어 개별적이지만 새로운 일에 도전하는 기회가 주어진다. 이때 사적인 이익을 추구하기보다는 다른 사람을 도울 수 있는 공적인 이익을 위해 노력한다면 매우 훌륭한 지위나 명성을 얻을 수 있다. 공적인 일은 교육, 의료, 종교, 공무 등 남을 돕는 업무를 의미한다.

| 화(火)의 기운 : 인(寅) + 오(午) + 술(戌) |

호랑이 　　　　 말 　　　　 개

　인 · 오 · 술 삼합은 낮의 기운과 여름의 기운을 함께 가지고 있다. 낮과 여름의 기운은 무엇이든 열정적으로 만들고 변화시켜서 완성하려는 적극적이고 능동적인 모습을 보여준다. 성향은 자신이 이룬 성과를 중시하고 한 가지에 몰입하는 집중력을 지니고 있으며 항상 열심히 일하기를 좋아하고 땀 흘려 생산하는 일에 탁월한 재능이 있지만 효율성이 떨어지고 싫증을 잘 내며 과로로 몸이 아플 수도 있다.

　궁합에서 인 · 오 · 술 삼합이 완성되면 자신이 하는 일에 협동하고 협력하는 사람이 생기고 대외적으로 결과나 성과를 만들어 내거나 좋은 평가를 받기도 한다. 그러나 자신이 노력한 결과물이 나오지 않거나 결과가 만족스럽지 못하면 금세 지치고 포기하려는 경향을 보인다. 따라서 인 · 오 · 술 삼합은 열심히 노력하여 성과를 내는 것과 더불어 충분한 휴식과 복원과정을 통해 조급성을 완화하고 속도를 조절하는 것이 중요하다. 또한 서두르다 보면 실수가 많고 효율성이 떨어져 오히려 손해를 입기 때문에 항상 주변 상황을 잘 관찰해야 한다.

뱀   닭   소

사·유·축 삼합은 저녁과 가을의 기운을 함께 가지고 있다. 성향은 결과 중심적이고 분별하고 차단하는 기운을 지니고 있으며 풍부한 경험과 경제적인 효율성에 집중하여 결과를 쉽게 만들어 내는 완성의 기운이 있다. 지나치게 주변 환경이나 사람들을 차단하고 차별하기 때문에 소외감과 외로움 등으로 힘들 수 있지만 실제 속마음은 여리고 착한 편이다. 따라서 상대와 갈등이 생겼을 때는 자신이 왜 차단하는지에 대해 솔직히 설명하고 이해를 구하는 것이 도움이 된다. 꽃과 잎이 져야 열매를 맺을 수 있는 것처럼 금의 차단은 경우에 따라 꼭 필요한 행위이기 때문이다.

궁합에서 사·유·축 삼합이 완성되면 그동안 자신이 만든 성과를 포장하고 홍보하여 그 가치를 높이는 일에 매진하게 된다. 금은 어렵고 힘든 과정을 모두 이겨내고 최종 결과물을 자신이 소유하는 것을 의미한다. 그래서 얼마나 가치 있는 결과물을 소유하는지에 따라 만족도가 결정되며 온갖 수단과 방법을 동원하여 자신의 소유물을 가치 있게 만들고 싶어 한다. 그러나 지나치게 소유에만 집착하다 보면 인간관계가 훼손될 수 있어 주의해야 한다.

| 수(水)의 기운 : 신(申) + 자(子) + 진(辰) |

원숭이   쥐   용

신·자·진 삼합은 밤과 겨울의 기운을 함께 가지고 있다. 밤과 겨울의 기운은 어둠 속의 보이지 않는 정신적인 영역으로 꿈과 이상을 지니고 있다. 꿈과 이상이 높고 지혜가 있어 강한 의지만 있다면 세상을 바꿀 만큼 혁명적인 기운이 있다. 그러나 꿈과 이상만 있고 현실성과 의지가 없다면 공허한 망상가나 거짓말쟁이도 될 수 있다. 꿈과 이상은 현실성과 실행의지가 결합되었을 때 비로소 위대한 모습으로 탄생될 수 있다.

궁합에서 신·자·진 삼합이 완성되면 자신의 가장 소중한 지혜를 보존하고 퍼트리려는 성향이 나타난다. 수(水)는 보이지 않는 어둠의 영역이다. 따라서 신·자·진 삼합이 되면 신체적 활동을 멈추고

어둠 속에서 새로운 꿈과 이상을 계획하고 휴식과 복원과정을 진행
시키려고 한다. 어둠은 행동을 제약하지만 상상력은 더욱 활성화된
다. 그러나 신체활동이 약화되고 지나치게 어둠 속에 매몰되다 보면
건강이 나빠지고 의심과 부정적인 성향이 나타나기도 한다.

삼합궁합

삼합궁합에서 남녀 중에 한 사람은 반드시 일지에 왕지(子午卯酉)를 포함하고 있어야 한다. 왕지는 자오묘유의 글자로써 왕지가 포함되어 있지 않은 합은 무효이며 왕지와 가까이 붙어 있거나 삼합글자가 많을수록 합의 기운이 강해진다.

〈 신·자·진(申子辰) 삼합궁합 성립 〉

· 예시A · — 남자

구분	시(時)	일(日)	월(月)	년(年)
천간(天干)				
지지(地支)	축(丑)	자(子)	진(辰)	인(寅)

여자

구분	시(時)	일(日)	월(月)	년(年)
천간(天干)				
지지(地支)	오(午)	신(申)	술(戌)	축(丑)

※ 일지에 왕지와 삼합글자를 포함하고 있어 삼합이 성립된다. 삼합궁합이 완성되면 남녀 간 애정뿐 아니라 생각이나 하는 일, 목적 등도 비슷해지며 서로 협동하고 협조하려는 성향이 강해져 부부가 지속적으로 성장하고 발전하는 관계가 된다.

삼합은 공적이고 목표지향성이 있으므로 반드시 왕지(子午卯酉)가 있어야 합이 성립되는 구조이다. 삼합에서 왕지의 역할은 목표를 설정하고 그 목표에 꿈과 이상을 만들고 사람을 공적으로 모으는 일을 담당하고 있다.

〈 신·자·진(申子辰) 삼합궁합 불성립 〉

• 예시B •

남자

구분	시(時)	일(日)	월(月)	년(年)
천간(天干)				
지지(地支)	인(寅)	축(丑)	진(辰)	인(寅)

여자

구분	시(時)	일(日)	월(月)	년(年)
천간(天干)				
지지(地支)	오(午)	신(申)	술(戌)	축(丑)

※ 일지에 삼합 오행이 없어 삼합이 성립되지 않는다. 삼합이 없는 궁합은 각자의 생각과 방향성이 다르고 하는 일이나 업무에 대한 협동과 협조가 원활하지 않다.

육합궁합
(잠시 뜨거운 만남)

일지 육합궁합은 가장 뜨겁지만 오래 지속할 수 없다. 아름다운 꽃 속에 숨겨진 가시처럼 아픔과 고통이 숨겨져 있다.

물고기가 물만 있다고 살 수 있는 것이 아니듯
사랑도 유지되기 위해선 사랑만 있어서는 안 된다.

사랑은 가슴이 시작했어도
유지는 머리가 하는 것처럼 말이다.

햇살이 너무 강하면 눈이 부셔 잘 보이지 않을 때가 있다.

우리의 사랑도 그렇게 멈추는 순간이 있다.
사랑에 있어 가장 소중한 시간은
뜨거움이 아니라 멈추는 순간이다.

육합은 단기적으로는 이끌림 현상이 강하지만 시간이 지날수록 그 결합도가 떨어지는 경우가 많다. 삼합궁합처럼 장기적이고 견고하진 않지만 연애세포를 살아나게 만드는 것은 최고이다.

특징으로는 생극(生剋)이 기준이 되고 남녀 간의 합을 바탕으로 한 목적성이 있는 정략합이며 합 자체를 목적으로 하거나 합의 변화를 추구하지는 않는다. 그냥 매우 본능적이거나 정략적으로 필요에 의해 인위적인 합의 형태를 보인다.

남녀 사이에 만나면 그냥 이유 없이 좋은 느낌이 드는 경우가 많고 동성 간에도 비슷한 감정이 생기기도 한다.

따라서 일지육합에서 가장 중요한 부분은 마무리에 관한 문제이다. 마무리의 좋고 나쁨은 흘러갈 곳이 있는지에 따라 결정된다.

대부분 육합운이 들어오면 첫눈에 반하거나 초기에는 호감이 잘 생기지만 시간이 흐르면서 실망하고 배신하며 서로를 원망하는 경우가 자주 발생되는데 이는 처음에는 좋고 나중에는 미워하는 육합의 기운 때문이다.

그래서 육합은 시작만 있고 끝이 없어 함께 목적지까지 갈 수 없는 관계가 된다. 갈 곳이 없다는 것은 다시 돌아가야 할 집이 없는 것과 같다.

육합궁합 (년(年)/일(日) 기준)

육합궁합은 년(年)을 보는 고전방식과 일(日)을 보는 현대방식이 있다. 2가지를 모두 사용하되 일(日)을 우선시하여 해석해야 한다.

육합은 애정지합으로 눈과 몸이 즐거운 합이다. 그래서 처음은 강렬하게 타오르지만 오래 지속하기 어렵다. 일명 정략합이라고도 하는데 경우에 따라서는 첫눈에 반하는 끌림 현상뿐 아니라 조건을 보는 경우도 있다. 즉 육합이라도 각각의 오행의 특성에 따라 애정이 우선인 경우도 있고 조건이 우선될 수도 있다는 의미이다.

1) 호랑이와 돼지   4) 뱀과 원숭이

2) 토끼와 개   5) 말과 양

3) 용과 닭   6) 쥐와 소

나와 상대의 년(年)이나 일(日)에 해당 오행이 합이 되어 있으면 육합이 성립된다. 년에서 육합이 성사되면 첫눈에 반하거나 공식적인 커플로 주변에 금세 알려지는 경향이 있다. 년의 궁합은 개인적인 연애관계뿐 아니라 집안, 가족, 직장, 친구 등 대외적인 요소가 많이 혼합되어 있다.

〈 인해육합궁합 성립 (년지육합) 〉

남자 (호랑이띠)

구분	시(時)	일(日)	월(月)	년(年)
천간(天干)				갑(甲)
지지(地支)				인(寅)

여자 (돼지띠)

구분	시(時)	일(日)	월(月)	년(年)
천간(天干)				정(丁)
지지(地支)				해(亥)

※ 년지의 육합은 외부적으로 보여지는 두 사람의 모습을 나타내며 대외적인 활동을 함께하면 도움이 된다.

년지에 육합궁합이 생성되면 둘 사이의 은밀한 관계가 외부적으로 드러나고 소문이 퍼지는 경우가 많으며 집안이나 학교, 회사 등에서도 둘의 관계가 알려져 공식커플이 될 가능성이 높아진다.

〈 인해육합궁합 성립 (일지육합) 〉

남자 (호랑이날)

구분	시(時)	일(日)	월(月)	년(年)
천간(天干)		병(丙)		
지지(地支)		인(寅)		

여자 (돼지날)

구분	시(時)	일(日)	월(月)	년(年)
천간(天干)		을(乙)		
지지(地支)		해(亥)		

※ 일지의 육합은 개인적인 취향이나 신체적 욕구 등을 나타내며 흔히 속궁합이 좋다라고 하는데 단점은 쉽게 애정이 식거나 마음의 변화가 잘 일어난다는 것이다.

　　육합의 사랑은 양은냄비처럼 빠르게 데워지고 빠르게 식는 특징이 있으며 헤어질 때도 미련이 없는 경우가 많고 육체적인 관계에 의존하는 경향을 보인다.

육합의 구성

호랑이   돼지

인해합은 순수함과 본성이 매우 강한 형태이며 처음 합(合)의 결합도는 강한 편이나 시간이 지날수록 각자 자기주장이 강해지는 경향이 있고 서로 가는 길이 달라지기 쉽다.

처음에는 순수한 마음으로 매우 강력한 끌림 현상을 보이지만 시간이 지날수록 급속히 애정이 식고 관계가 훼손되기 시작한다. 호랑이는 급하게 다가가고 돼지는 쉽게 받아들이는 경향으로 인해 연애 초기에는 서로 잘 맞고 속도감 있게 관계가 발전하지만 시간이 흐르면서 빨랐던 만큼 미처 발견하지 못한 단점들이 보이기 시작하고 실망과 이기심으로 헤어지는 운명을 맞이하게 된다.

따라서 인해합은 서로 알아가는 시간을 충분히 가져야 한다.

| 묘(卯) + 술(戌) = 화(火) |

토끼   개

　　묘술합은 서로 이질적인 것에 이끌리는 현상으로 남들이 봤을 때 전혀 어울릴 것 같지 않은 연인관계를 뜻한다. 예를 들어 노인과 어린 여성의 사랑 혹은 외국인과의 연애, 직업적으로 서로 맞지 않는 이성관계를 의미한다. 남들의 시선으로는 어울리지 않지만 서로의 결합도는 높은 편이고 아무리 주변에서 반대해도 끝까지 서로의 사랑을 추구하는 강력한 기운을 지니고 있다.

　　그래서 묘술합은 무조건 말리고 반대하는 것보다는 공개적으로 만남을 인정해 주고 서로 천천히 알아가는 과정을 만들어 주는 것도 좋은 방법이 될 수 있다. 토끼(묘)는 개인적이고 호기심이 강하며 무성한 기운을 지니고 있고 개(술)는 보수적이고 리더십이 강하며 저돌적인 기운을 지니고 있어 보완이 잘 되는 편이다. 따라서 묘술합은 주변의 곱지 않은 시선으로 인해 서로의 신뢰를 유지하고 지치지 않는 것이 매우 중요하다.

| 진(辰) + 유(酉) = 금(金) |

용   닭

진유합은 남녀 사이에 호감을 바탕으로 만나는 형식을 취하지만 실제 모습은 서로 필요한 조건을 따지며 만나는 형태를 지니고 있다. 즉 상대의 재산, 학력, 직장, 집안사정 등 서로의 감정보다는 외적인 요소에 더 많은 가치를 두고 있는 것이 특징이다. 그래서 안에서는 서로 관심이 없지만 밖에서는 금실 좋은 부부처럼 보여 쇼윈도 부부라고도 한다.

유금(酉金)과 진토(辰土)는 서로 반기지 않지만 필요에 의해 만남을 유지한다. 정략적이고 강압적인 현실합이며 서로 자신의 성향이나 생각을 고수하고 상대를 받아들이지 않기 때문에 남녀 간에 잘 뜨거워지지 않는다.

따라서 진유합은 밖에서 보여지는 모습에 치중하기보다는 둘이 함께할 수 있는 취미를 갖거나 대화를 통해 실질적인 관계를 회복하고 유지하는 것이 중요하다.

| 사(巳) + 신(申) = 수(水) |

뱀   원숭이

사신합은 처음에는 연애로 시작하지만 시간이 흐르면서 서로의 능력이나 재능을 이용하여 함께 사업이나 장사 또는 투자 등을 벌이려는 성향이 나타난다. 또한 사신합 커플은 여행과 모험을 좋아하며 새로운 것에 강렬하게 이끌리는 모습을 보이기도 한다.

다만 서로 개성이 강한 편이어서 지기 싫어하고 상대방을 자기 아래에 두고 지시하려는 성향이 있다. 쓸데없는 자존심 싸움으로 관계가 훼손될 수 있어 이를 주의해야 한다.

사신은 합도 되지만 형(刑)도 된다. 합은 서로 끌리며 협동하고 협조하는 모습이라면 형은 상대방을 압박하거나 강제하고 고치거나 바꾸려는 성향을 담고 있다. 따라서 사신합은 서로 단점을 솔직히 인정하고 상대의 충고나 지적을 잘 받아들이는 태도가 중요하다. 만일 잘 고치고 바꾼다면 최고의 부부관계가 될 수도 있다.

| 오(午) + 미(未) = 화(火) |

말   양

오미합은 남녀관계에 있어도 남들 보기에는 다정하고 열정적으로 보이나 실제 부부관계는 다소 냉랭하고 사무적일 수 있다. 결합도는 강한 편이지만 뜨거운 기운이 생성되지는 않으며 특히 남녀관계에 있어서 친구 같은 연인이나 부부관계를 지향한다. 흔히 친구 같은 애인이나 가족 같은 부부관계라고 할 수 있다.

말은 열정적이고 한 가지를 배우자와 함께 집중하는 것을 선호하지만 양은 번잡스럽고 개인주의적이어서 혼자 하는 것을 좋아한다. 서로 다른 성향으로 각자 일에 충실하고 형식적인 부부관계만을 유지하는 경우가 많다. 겉보기는 같은 화(여름)의 기운이라 비슷할 것 같지만 바라보는 방향이 다르기 때문에 행동양식도 다른 것이다. 따라서 오미는 같은 동질적인 기운을 억지로 찾기보다는 각자 하는 일과 행동을 존중해 주고 보완하는 것이 필요하다.

| 자(子) + 축(丑) = 수(水) 또는 토(土) |

쥐   소

자축합은 은밀하고 비밀스러운 합(合)이며 결합도는 중간 정도로 어둠 속의 편안함을 추구하며 남녀가 모두 호색할 수 있다. 연애, 만남, 임신, 결혼, 사업, 투자도 비공개 혹은 은밀하게 이루어지는 경향이 있다. 이는 관계 자체가 부적절할 수도 있다는 것을 의미하지만 성향 자체가 남의 시선을 의식하는 것도 포함되어 있다.

그래서 자축합은 밖으로 드러내지 못하는 관계라면 자격을 갖추고 공식적인 관계로 발전시키는 데 노력해야 한다. 만일 정당하지 못한 관계라면 빨리 청산하는 것이 좋고 정상적인 관계라면 당당하게 밖으로 공개하는 것이 도움이 된다.

왜냐하면 어둠은 어느 순간 밝음으로 바뀔 수밖에 없기 때문이다. 영원한 밤이 없듯이 영원히 감출 수 있는 관계란 존재하지 않는다. 결국 어둠은 의심을 만들고 서로를 지치게 하는 원인으로 작용한다.

사랑이 깊어지면 점점 색을 잃고 투명해진다.

투명해진 사랑은
모든 색을 담을 수 있고 모든 색이 될 수 있다.

그래서 투명해진 사랑은 눈으로 보이지 않지만
더 선명하게 느낄 수 있는 것이다.

사랑을 눈으로 확인하려 할 때 집착이 될 수 있다.

보지 않고 믿을 수 있어야 한다.

눈을 가린 채 뒤로 쓰러져도 두렵지 않은 것,
그것이 사랑이다.

제 4 장

궁합의
이별이야기

이별은 내 안에 어둠과 그리움을 만드는 것이다.
이별이 아픈 것은 그에 대한 미련 때문이 아니라
내 기억 속에 남겨진 행복했던 잔상들 때문이다.

충(沖) 서로 부딪쳐서 깨지다
극(尅) 서로 이기기 위해 싸운다

사랑에 있어 충극은 이미 예견된 사건사고 같은 것이다. 서로 다른 것을 알면서도 어쩔 수 없이 일어나는 경우가 대부분이며 설령 미리 안다고 해도 피하기 어렵다.

그러나 미리 알고 이해하며 받아들이는 것은 매우 중요하고 효과적인 방법이 될 수 있다. 내일 태풍이 온다는 것을 안다면 배를 타는 일은 하지 않을 수 있기 때문이다. 태풍이 오는 것을 막을 수는 없지만 이를 알고 그에 대한 적절한 대비를 한다면 우리의 삶과 사랑은 조금 더 안전해질 수 있다.

충극은 일정한 방향성이 있다. 마치 마주 보고 달려오는 자동차처럼 서로가 잘 볼 수 있으며 어떻게 해야 추돌(이별)을 완화하거나 막을 수 있는지도 어느 정도 인지하고 있는 상태이다.

예를 들면 충극이 있는 남녀가 함께 오래 살다 보면 자신과 성격이 맞지 않고 추구하는 이상과 꿈도 다르며 좋아하는 취미조차 맞지 않다는 것을 알게 된다. 그래서 이런 관계와 환경을 인내하며 참고 살 것인지 아니면 새로운 삶을 추구할 것인지 오랜 시간을 두고 숙고하며 결정을 내리게 되는 것이다.

즉 충극의 이별은 단기적이고 예측할 수 없는 사건 사고가 아닌 오랜 시간 쌓아둔 경험을 바탕으로 선택하는 이별방식이다. 그래서 충극의 이별은 후회도 미련도 적은 편이며 아픔이 없는 것은 아니지만 새로운 것에 대한 희망과 기대도 함께 지니고 있는 것이 특징이다.

그에 비해 파(破)의 이별은 단기적이고 순간의 유혹이나 변심에 의해 상대를 배신하는 것인데 이별 후에 충과 달리 배신당한 사람도 분노에 치를 떨게 되고 배신한 사람도 마음의 빚을 안고 불편한 마음으로 새 출발을 하게 된다.

충극이 연애와 결혼의 절대 악은 아니지만 궁합에서는 칼끝에 묻은 꿀 같은 작용을 한다. 달콤하지만 위태롭고 강렬하지만 고통이 따르는 것이 충극의 관계이다.

처음에는 나와 정반대의 성향을 지닌 상대의 다른 점에 매료되어 사랑이 불타오르지만 시간이 지날수록 나와 다른 것이 불편하고 화가 나며 끝내는 절망으로 변하는 것이 충극의 사랑이다.

충극궁합은 이별에 관한 이야기이다

충(沖)은 자신의 욕심을 강제로 채우거나 상대에게서 빼앗아 오는 기운인데, 내가 충분히 힘을 가지고 있을 때는 목적 실현이 가능하지만 내가 힘이 약하거나 상대가 힘이 강하다면 오히려 빼앗아 오려는 대상에게 능욕당하고 패배하게 된다.

따라서 충의 결과는 주변 오행에 따라 힘이 결정되며 경우에 따라 상당히 복잡한 양상을 보이기도 한다. 충은 목적을 달성하기 위해 분쟁과 다툼을 만들기도 한다. 주체성이 강해서 늘 전투적이며 심리적으로는 욕심과 긴장감이 생성되고 자신과 주변을 모두 불안정하게 만든다.

처음에는 자신의 생각과 의지를 상대에게 강요하고 강제로 변화시키려는 성향을 보인다. 그러다가 그것이 잘 안 되면 깊은 실망감을 갖게 되고 이별하는 과정을 겪게 된다.

충은 심리적으로 욕심과 목적의식을 만들고 빠르고 강하게 행동하려는 경향이 있다. 따라서 궁합에서 충극이 되면 자신과 정반대인 성향에 매료되어 처음에는 서로 강렬하게 끌리지만 시간이 지날수록 압박감과 불편함을 느끼게 되고 불안정과 긴장감이 지속되면서 결국 파국을 맞이하게 된다.

충은 서로 반대방향에서 브레이크 없이 전속력으로 달려오는 자동차처럼 양보나 타협이 잘되지 않는 특징이 있다. 우리가 충을 두려워할 필요는 없지만 충을 가볍게 여겨서도 안 되는 이유가 바로 파괴와 변화 때문이다.

실제로 궁합이 충극이 되어 있는데 운에서 또 충이 들어오면 이혼, 사별, 병증, 경제적 어려움, 시댁문제 등 많은 시련과 고통이 발생하게 된다. 극(剋)은 충에 비해 그 작용이나 효과가 느린데 단순하게 이기려는 기운이다.

큰 틀에서 보면 충과 극은 비슷한 점이 많고 실제 작용도 크게 다를 것은 없다. 충은 어떤 목적을 이루기 위해 욕심과 다툼을 벌이는 것이고 극은 특정 목적 없이 그냥 이기고 싶은 것으로 지는 것을 못 참는 단순한 성향이라 할 수 있다.

그래서 충극이 많은 궁합은 서로 이기려고만 하고 자기의 주장만을 내세우는 경향이 있어 다툼이 잦고 화합이 안 된다. 다만 충에 비해 극은 다소 아이들 싸움 같고 순수한 면이 있다. 그러나 단순하다고 해서 그 다툼이 치열하지 않은 것은 아니다. 항상 링 위에 있는 권투선수들처럼 늘 서로를 이겨야 한다는 긴장감속에서 생활을 하다 보니 스트레스에 취약하고 삶이 불안정해 질 수밖에 없다. 충극이 있는 궁합은 시간이 갈수록 서로에게 상처를 주고 결국 헤어질 가능성이 높다.

사랑은 집중 이별은 분산

사랑할 때는 한 가지 이유
이별할 때는 각각의 이유

행복한 만남은 이유가 하나이지만
슬픈 이별은 이유가 제각각이다.

충극궁합
(다툼과 이별)

충(沖)은 이별과 상처를 만들고, 극(剋)은 증오와 후회를 만든다.

사랑에 있어 가장 안 좋은 것은 불안정함이다.

누군가를 만나고 사랑하는 일은 음악을 듣고 산책을 하는 일처럼 처음엔 그저 일상적이고 사소한 일이지만 사랑이 깊어질수록 일상적인 일들은 특별한 일이 되고 사소함은 소중한 의미가 생기게 된다.

그래서 별것 아닌 일에도 섭섭해하고 말 한마디에도 심장이 저려오고 하늘이 무너지기도 하는 것이다. 우리는 관계와 유대를 통해 자신을 발견하고 삶의 의미를 만들어 간다.

영원할 것 같았던 상대와의 관계가 불편해지고 굳건하다고 믿었던 유대가 훼손되기 시작하면 상대가 불편해지고 둘 사이엔 긴장감이 만들어진다. 이 모든 원인은 상대를 내 소유물이라 생각하고 자신의 생각대로 상대를 변화시키려는 욕심에서 비롯된다.

이는 자신의 의지대로 상대를 제압하고 통제하려는 일방적인 태도 때문인데 이러한 상태가 지속되면 관계는 걷잡을 수 없이 나빠지고 결국 별거, 이별, 이혼 등으로 이어지게 된다.

배우자를 소유하거나 정복해야 할 대상으로 생각하면 자기도 모르는 사이에 전투적이고 강압적인 모습으로 변질될 수 있다.

배우자를 링 위의 상대선수처럼 인식하게 되는 것이다.

남녀가 어떤 행위나 생각의 차이로 인해 감정소모가 발생되고 관계와 유대가 훼손되면 더 깊은 곳으로 숨거나 더욱 공격적으로 변하게 되는데 이때 절대 하지 말아야 할 것은 스스로 자존감을 무너뜨리는 자학(자기학대)이다.

남녀관계에서 잘 맞지 않는 부분이나 서로 다른 차이점은 대화를 통해 수정하거나 타협하는 것이지 일방적인 반성과 사과가 되어서는 안 될 것이다.

사랑에 있어 가장 경계해야 하는 것은 상대가 불편해지는 것과 스스로 자신의 존재를 지나치게 낮추거나 높이는 것이다.

불편하고 불안정해지는 남녀관계는 오래가지 못하고, 스스로를 무가치하게 생각하는 순간 관계는 지옥이 된다. 또한 연인관계에서 서로의 생각이 공유되지 못하고 대화가 점점 사라지는 것보다 더 무서운 것은 상대에게 져주고 싶은 마음이 사라진 것이다.

상대를 이기고 싶은 마음이 욕심(폭력)이라면 져주고 싶은 마음은 사랑인 것이다. 다툼에서 상대에게 져주고 싶은 마음이 남아 있다면 아직 사랑의 온기는 남아 있는 것이다.

이별 후에도 아프면

아직 완전히 끝나지 않은 것

같은 일이 또 생겼을 뿐인데…,

나는 늘 익숙하지 않다.

내게 이별은 매 순간이 처음처럼 느껴진다.

때론 더 아프고 숨조차 힘들다.

오늘부터는 그저 나 혼자

너를 사랑하는 것뿐인데…,

천간극 궁합
(안 어울리는 인연)

인간은 사회적 동물이고 결혼은 사회적 관계이다.

궁합에서 천간의 극충은 사회적인 공감과 소통에 관한 문제이다. 서로 다른 방향을 바라보기 때문에 시간이 지날수록 공감과 소통에 관한 불편함이 점점 커지게 된다.

소통이 안 되는 연인은 자기중심적이고 타인의 생각을 용납하지 않기 때문에 근원적인 사회관계에서부터 문제가 발생하게 된다. 철학적 의미에서 사회란 상대가 존재하고 그 상대를 인식하며 존중하는 것이 근본적인 사회관계라고 할 수 있다.

그런 의미에서 연인이나 부부도 사회적 관계에 포함되며 사회에서 요구되는 예의, 질서, 책임, 의무 등이 필요하다고 할 수 있다. 즉 사회적인 관계에서 요구되는 것들이 연인관계에서도 똑같이 요구된다는 것이다.

때문에 상대에 대한 인식과 배려, 약속, 책임, 의무 등이 훼손되면 연인이나 부부관계에서도 문제가 발생된다.

상대가 나와의 약속을 안 지키고 책임과 의무를 다하지 않으며 자신의 생각만을 고집한다면 그 관계는 오래 지속될 수 없는 이치이다. 남녀관계에서도 배려, 예의, 책임, 소통은 사랑만큼이나 중요하다고 할 수 있다.

따라서 나와 다른 것을 인정해 주고 사회적 관계를 지키면서 상대의 말에 집중해 주는 것이 소통의 시작이라 할 수 있다.

천간은 주로 정신, 생각, 의지, 계획, 가치관 등의 영역이다. 이것이 극이 된다는 의미는 서로 불필요한 긴장감을 만들거나 서로 상처를 줄 수 있다는 것이다.

특히 지기 싫어하는 경쟁심리가 강하게 나오기 때문에 양보가 잘 안되고 다툼이 잦아지는 것이다. 따라서 천간극이 되는 궁합은 내 주장을 내세우기보다 상대의 다른 점을 인정하고 받아들이는 태도가 중요하다.

천간극은 나와 그의 정신세계와 공감세계가 다르다는 것이다. 상대가 나와 다르다는 것을 당연하게 이해하고 받아들이면 불편함은 사라질 것이다.

갑목(甲木) + 경금(庚金)이 만났을 때

갑목   경금

갑목(甲木)과 경금(庚金)이 만나면 서로 사회적 성장을 이루기 어렵고 각각 상대의 희생을 원하는 경향이 있으며 상대를 자기 생각대로 변화시키려고 하거나 이기려고 한다.

갑목은 명분과 사회적 명예를 중요시하는데 경금은 결과 중심적이라 갑목이 결실 없는 일에 매달리면 하지 못하게 가차 없이 눌러버리는 성향을 가지며 이때 갑목과 경금은 서로 지지 않으려는 성향으로 인해 자신의 일에 도움이 되지 않고 서로에게 상처와 흔적을 남기는 모습으로 나타난다.

또 경금은 배우자나 연인을 강압적으로 자기 아래에 두려고 하는 성향이 있는데 갑목 역시 잘못이 있어도 머리를 숙이지 않는 독선적인 성향으로 서로에게 져주는 사람이 없어 피로감이 쌓이게 된다.

을목(乙木) + 신금(辛金)이 만났을 때

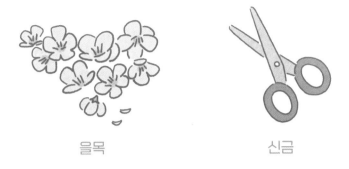

을목   신금

을목(乙木)과 신금(辛金)이 만나면 협동과 협조가 어려워 성공하기 힘들고 상호 소통이 안 되며 자기주장이 강해 다툼이 잦다. 남녀 모두 서로 지기 싫어하고 자신의 주장대로 상대를 제압하려 한다.

을목은 끊임없이 일과 사건을 만들고 뒷수습을 못 하는 성향이며 완벽주의 성향인 신금은 사사건건 을목의 뒷수습하는 것을 못 견뎌 한다. 자유분방한 을목은 예민하고 정밀한 신금이 매사 짜증내고 사사건건 아무 일도 못 하게 꽁꽁 묶어놓아 스트레스를 받는다.

신금은 아기처럼 순수하고 호기심 많은 을목이 사랑스러워 처음에는 매력을 느끼지만 자주 쓸데없는 짓을 벌려놓아 신금의 정신적, 육체적 에너지를 고갈시키기 때문에 가시 돋친 말로 순수한 을목에게 상처를 입히게 된다.

병화(丙火) + 임수(壬水)가 만났을 때

병화   임수

병화(丙火)와 임수(壬水)의 만남은 사회적으로 추구하는 목적과 개인적인 성향이 다르다. 화(火)는 행동이 앞서고 수(水)는 생각이 많아 서로가 상대를 이해하기 어렵고 갈등이 잘 생긴다.

병화는 생각 없이 떠벌려서 비밀을 발설하는 경우가 많고 임수는 비밀이 많고 입이 무거운 성향으로 자신이 은밀하게 진행했던 모든 일들이 병화에 의해 만천하에 발설되는 모습으로 강한 스트레스와 망신을 당할 수 있다.

모든 과장하고 스케일이 커서 남들에게 멋져 보이고 싶어 하는 병화는 임수에 의해 일을 키우지 못하고 정체되는 모습으로 답답함을 느끼는 관계가 된다.

정화(丁火) + 계수(癸水)가 만났을 때

정화   계수

정화(丁火)와 계수(癸水)의 만남은 정화의 집중하는 기운과 계수의 은밀하게 퍼트리는 기운이 대립하여 사회적 성공을 가로막으며 서로에 대한 의심과 의존성이 강해지고 상대에게 자신의 생각이나 의지를 억지로 강요하는 경향이 있다.

정화는 한 가지를 집중하여 열심히 노력하는 성향인데 소심하고 남에게 의존하려는 계수가 정신적으로 위축되게 만들어 해야 할 일을 하지 못하게 만든다. 또 정화는 의존적인 계수를 매사 신경 써줘야 하기 때문에 정화의 기운이 빠지는 모습이다.

또 남 앞에 나서기 싫어하는 계수는 정화의 집착으로 조용히 쉬지 못하고 정신적으로 스트레스를 받기 때문에 불안과 강박이 생길 수 있다.

무토(戊土) + 갑목(甲木)이 만났을 때

무토   갑목

무토(戊土)와 갑목(甲木)의 만남은 체면, 명분, 자존심 등에 너무 신경을 쓰기 때문에 현실성과 생산성이 떨어져 가난해질 수 있다. 체면보다는 실리를 추구해야 하며 허세나 자존심을 버리고 상대에게 자신을 낮추는 것이 중요하다.

갑목은 새로운 것에 대한 호기심이 강하고 재미를 추구하는데 무토는 듬직하지만 재미가 없어 갑목이 금방 흥미를 잃게 된다. 무토는 자존심과 체면, 명분이 중요한데 갑목 역시 체면이나 명분, 자존심이 강해 서로 지지 않고 전혀 보완이 되지 않는다.

남녀는 서로 져주기도 하고 나에게 단점이 되는 것을 보완해 주어야 궁합이 좋은 것인데, 서로 각자의 자존심이 더 중요하며 다른 사람들에게 보여주기식의 체면치레로 인해 금전적으로 손해를 보는 궁합이다.

기토(己土) + 을목(乙木)이 만났을 때

기토   을목

기토(己土)와 을목(乙木)의 만남은 서로 실리를 추구하는 경향이 있고 자신을 낮추고 사회적 유연성을 지니고 있어 손해와 이익이 함께 있다. 연애 때 문제가 발생하나 결혼 후에 안정되는 경우가 많다.

기토는 작은 것에 연연하여 베풀지 못하고 자신의 실리와 이익을 우선시하고, 을목은 어린아이처럼 번잡스럽게 이것저것 욕심을 내기 때문에 서로 각자의 계산기를 두드리는 모습으로 손해 보기 싫어하는 관계이다.

기토 입장에서는 을목이 귀찮고 성가신 존재가 되고 을목은 기토가 이기적인 존재로 느껴진다. 금전 관계를 정확하게 정하고 만난다면 서로 도움이 될 수 있으나 결국 분배과정에서 문제가 생길 수 있음을 유념해야 한다.

경금(庚金) + 병화(丙火)가 만났을 때

경금   병화

경금(庚金)과 병화(丙火)의 만남은 시련과 고통을 통해 정신적 성장을 추구하지만 그 과정은 고통스럽고 성장이 아닌 파괴로 이어지는 경우도 많다. 서로 양보하고 타협하는 자세가 중요하다.

경금은 목표가 생기면 탱크처럼 밀어붙이는 성향으로 누구 말도 듣지 않는 우두머리 성향이 강한데 병화 역시 천상천하 유아독존으로 자신이 리더가 되어 끌고 가려는 성향으로 서로 권력싸움이 될 수 있다. 각자 옳다고 생각하는 것은 상대방에게 한 치의 양보도 없기 때문에 쓸데없는 감정소모로 연인 관계가 훼손되기 쉽다.

또 화려함을 좋아하는 병화와 한번 꽂히면 무조건 소유하려는 경금의 만남은 사치품이나 분수에 맞지 않는 소비로 인해 금전적인 손해를 볼 수 있어 유의해야 한다.

신금(辛金) + 정화(丁火)가 만났을 때

신금   정화

신금(辛金)과 정화(丁火)의 만남은 차단된 기운을 훼손하면서 집중력을 만들어 준다. 매사 간섭이 심하고 상대를 무시하는 경향이 있어 싸움이 잦다. 처음에는 좋으나 시간이 지날수록 관계가 훼손된다.

신금은 매우 개인주의자로 가까운 사람에게도 선을 긋고 더 이상 넘어오지 못하게 차단하는 성향이 강한데, 정화는 한번 꽂히면 집착이 강해 사사건건 잔소리가 심하기 때문에 신금은 스트레스를 받는다.

또 정화는 무언가 열정적으로 집중하며 애정을 보이는데 신금의 배타적인 성향으로 인해 차가움을 느끼며 섞이지 못하고 다툼이 잦게 된다. 서로 일에 집중하고 각자 개인적인 공간을 인정하고 받아들이는 태도가 필요하다.

임수(壬水) + 무토(戊土)가 만났을 때

임수   무토

　임수(壬水)와 무토(戊土)의 만남은 사사건건 의견충돌이 잦고 상대가 원하는 것이나 의지를 받아주지 않고 강압적이면서 갈등이 많아 결국 각자의 길을 가게 된다.

　무토는 체면과 명분이 중요하고 다른 사람의 눈을 의식하는 성향인데, 임수는 조용한 듯 보이지만 남들 모르게 굉장히 자유분방하며 생각한 것을 행동으로 옮기고 싶어 하지만 무토가 강압적으로 하지 못하게 막아버려 자유를 억압당하는 느낌이 들게 된다.

　또 임수는 열길 마음속이 있는 것처럼 자신의 기분을 솔직하게 얘기하지 않기 때문에 무토는 임수의 속을 알 수가 없어 서로가 불만이나 대화가 솔직하게 이루어지지 않아 답답하여 갈등이 깊어질 수 있다.

계수(癸水) + 기토(己土)가 만났을 때

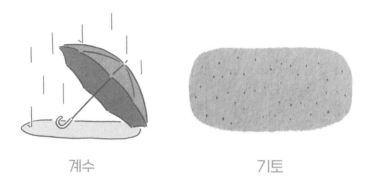

계수   기토

계수(癸水)와 기토(己土)의 만남은 서로 정신적으로 지배하려는 성향이 강하고 실리와 이득을 취하려는 경향이 있어 반드시 좋은 점과 나쁜 점이 함께 있다. 서로 주도권을 잡기 위해 다툼이 잦다.

계수는 손 안 대고 남을 통해 이득을 보거나 남에게 자신이 하지 않는 일을 권유하려는 성향이 강한데, 기토는 현실적으로 돈이 되거나 이득이 되는 일이라면 쉽게 추진하려는 성향이 있다.

함께 있으면 너무 이득만 좇으려는 성향으로 나타날 수 있으며 계수는 상대방에게 의지하고 싶어하는 성향인데 기토는 손해 보는 것을 싫어하기 때문에 서로가 생각하는 모습이 다르다.

짐…

'사실 난 괜찮지 않아…'

무겁고 지치고 아픈 것이 삶이다.
그래도 함께 우산을 쓰고 짐을 나눠 진다면
조금은 행복해지지 않을까?

우리가 사랑하고 함께하는 이유이다.

삶에서 우리가 할 수 있는 최선은
포기하지 않는 것이다.
삶은 포기하지 않는 것만으로도 충분히
아름답고 가치가 있는 시간이 된다.

짊어진 가방이 너무 무거워 벗고 싶었지만
참고 정상까지 올라가 가방을 열어보니
그 안에는 물과 음식이 가득 들어 있었다.

세상에 존재하는 모든 불행 속에는 희망이 살아 있고
세상에 존재하는 모든 행복 속에는 시련이 숨겨져 있다.
기쁨과 고통은 빛과 그늘처럼 늘 함께 존재한다.

우리의 삶은 무거운 짐으로 가득하다.
어차피 피할 수 없고 갚아야 할 빚이 삶이라면
당당하게 자신의 짐을 받아들이자.

사랑과 결혼도 짐이고 책임과 의무도 짐이다.
질병과 가난도 짐이고 가족과 친구도 짐이다.
슬픈 이별도 짐이고 기쁜 만남도 결국 짐이 된다.

짐이 곧 삶이며 삶이 곧 짐이다.

짐은 무겁고 갚아야 할 빚이지만
그 안에는 희망과 행복도 함께 있음을 잊지 말자.

사주궁합은 우리가 누구이고 어떤 짐을 지고 있으며
누구를 만나서 어떻게 빚을 해결해야 하는지를 알려준다.

일지충 궁합
(최악의 선택)

이별은 함께했던 시간들이 별 게 아닌 것이 되는 것이다.

궁합에서 일지가 상호 충이 되었다는 것은 서로 다른 곳을 보거나 맞지 않는 옷을 입은 것처럼 시간이 갈수록 어색하고 불편한 관계가 되어간다.

처음에는 다른 것에 매료되어 첫눈에 반할 수 있지만 결국은 다르다는 것이 얼마나 서로를 힘들게 하는지 확인하게 된다.

물속에 사는 물고기가 산짐승이 좋다고 산속에서 살 수 없듯이 일지의 충은 서로 받아들이고 적응하기가 매우 어렵다. 그래서 가끔 만나면 원만한 관계가 유지될 수 있지만 온종일 함께 있는 것은 서로에게 상처와 고통을 주게 된다.

특히 일지충이 운에서 들어올 때도 이별하게 된다. 일지는 배우자 자리면서 내가 가장 좋아하는 것들이 머무는 곳이다. 그래서 일지가 훼손되면 우선 불편하고 고통스러우며 심하면 죽음을 떠올릴 만큼 힘들다.

인간은 빵만으로 살 수 없고 개인적 유대와 공감 그리고 소통 속에서 자아를 발전시키고 존재의 이유를 찾으며 행복해한다.

그런데 궁합에서 상대의 일지와 극충이 발생했다는 것은 이 모든 기본관계의 훼손을 의미한다고 할 수 있다. 가장 편안하고 안전해야 할 공간이 불편하고 부자유스러워 진 것이다. 그런 의미에서 일지의 극충은 궁합에서 최악이라고 할만하다.

일지의 극충은 우선 성격 차이, 위험, 압박, 공격, 갈등, 다툼, 이별, 사별에 관한 문제이며 서로에게 무의식적으로 상처와 고통을 줄 수 있다. 내가 의도하지 않았는데 그가 아플 수 있고 다칠 수 있으며 심지어 최악의 사건 사고가 발생할 수도 있다는 것이다.

즉 이별이 아닌 사별이 될 수도 있다는 의미이다.

그래서 일지가 극충으로 이루어진 궁합은 인생에서 가장 나쁜 선택이 될 수도 있다. 일지는 자신이 태어난 날에 의해 결정되는데 개인적으로 잘하고 좋아하는 것과 안전하고 편안한 개인적인 공간의 의미를 담고 있다.

따라서 자신이 잘하고 좋아하는 것이 상대와 잘 보완되고 어울리면 좋은 궁합이 되겠지만 반대의 경우는 취향과 성격이 맞지 않는 최악의 관계가 될 수도 있다.

일지는 시지와 더불어 매우 개인적이고 은밀한 정보가 있는 자리이다. 그래서 사이가 좋든 나쁘든 외부적으로는 잘 알려지지 않으며 남들은 알 수 없는 경우가 많다.

그러나 실질적으로 부부관계에 가장 큰 영향을 미치는 궁합이며 일지가 서로 맞지 않는 경우 이혼, 사별이라는 극단적인 상황이 발생하기도 한다.

따라서 일지궁합이 맞지 않을 경우 우선은 상대를 피하는 것이 좋으며 어쩔 수 없이 결혼한 경우는 주말부부처럼 떨어져 사는 것도 방법이 될 수 있다.

일지충 궁합 구조

| 진토(辰土) + 술토(戌土)가 만났을 때 |

용   개

　자기주장과 고집이 세고 개인적 성향과 취향, 성격 등이 맞지 않아 서로 원망하거나 미워하는 마음이 잘 생긴다. 경우에 따라 사이는 원만하고 좋을 수도 있지만 예기치 못한 사건 사고에 의해 서로 나빠지는 궁합이다.

　용은 봄의 기운이고, 개는 가을의 기운이다.

　진술충은 봄의 기운과 가을의 기운이 충돌하는 것으로 진토는 생명을 성장시키려고 하는데 술토는 그 성장을 죽이고 차단하려는 것이다. 즉 봄은 생동감이 있고 모든 것을 확산하려는 기운으로 새로운 것에 대한 도전과 희망을 추구하는데 가을은 모든 확산하려는 생명의 기운을 창고 속에 가두고 정리하려는 성향을 나타낸다.

구분	시(時)	일(日)	월(月)	년(年)
지지(地支)		진(辰)		

구분	시(時)	일(日)	월(月)	년(年)
지지(地支)		술(戌)		

궁합에 진술충이 있는 경우 고지충이라고 하는데 고지(庫支)는 창고라는 개념을 지니고 있다. 창고는 무언가를 보관하고 유지하는 기능을 하는 장소이다. 주로 귀하고 필요한 것을 보관하는 것이 인지상정인데 때로는 원치 않는 것을 보관하거나 보관함에 이상이 생겨 안에 들어 있는 보관물이 훼손되는 일이 발생하기도 한다. 즉 창고가 무덤의 기능을 하거나 창고가 망실되어 보관물이 변질되는 상태가 되는 것이다.

부부관계 역시 각자의 생각과 가치가 다르고 소유하려는 것과 추구하는 목적도 서로 맞지 않는 경우가 대부분이다. 진토와 술토는 변화를 추구하지만 그 변화는 서로 다른 방향성을 지니고 있는 것이다.

따라서 목적을 추구하는 과정과 방식이 다르고 상대의 생각이나 의지를 존중하기보다는 자기 고집대로 밀어붙이려는 성향이 강하다.

| 축토(丑土) + 미토(未土)가 만났을 때 |

소   양

사사건건 불만과 다툼이 잦고 잔소리가 많아 서로를 힘들게 하고 피곤하게 만든다. 진술충에 비해 미워하는 마음이 은밀하고 지속적이며 오래가는 편이다. 부부 사이가 원만한 경우도 병증, 사고, 시댁 문제 등 외부적인 것으로 인해 고통받는 경우가 많다. 축미충은 피해야 할 궁합이며 특히 헤어질 때도 소송과 구설 등으로 힘들게 헤어지는 경우가 많다.

소는 겨울의 기운이고, 양은 여름의 기운이다.

축미충은 겨울의 기운과 여름의 기운이 만나는 것으로 축토는 수축하고 저장하려 하는데 미토는 확산하고 펼치려고 하여 충돌하는 것이다. 비유하자면 한 사람은 피곤해서 주말에 집에 있고 싶은데 한 사람은 답답해서 밖으로 나가고 싶은 것과 비슷하다. 그래서 결국 혼자 집에 있고 혼자 밖으로 나가게 된다.

구분	시(時)	일(日)	월(月)	년(年)
지지(地支)		축(丑)		

구분	시(時)	일(日)	월(月)	년(年)
지지(地支)		미(未)		

궁합에 축미충이 있으면 처음에는 서로 동질감을 느끼고 친구처럼 편안하고 서로에게 매우 잘해주는 경향이 있다. 특히 서로 필요한 것을 가지고 있어 함께 같은 방향을 보고 있다고 착각하기도 하는데 그 환상은 시간이 지나면 붕괴되기 시작한다.

같은 행동을 하더라도 축토는 계획과 의지를 갖고 한다면 미토는 그냥 무작정하는 경향이 있다. 축토 입장에서는 미토가 무모하고 무책임하게 보일 수 있고 미토 입장에서 축토가 불편하고 잔소리 많은 사람으로 비춰질 수 있다.

축미충을 붕충이라고 하여 친구들 싸움처럼 가볍게 지나간다고 하지만 실제 작용을 보면 겉으로 보이지 않을 뿐 내부에서는 더욱 치열하고 두뇌싸움을 하는 경향이 있다.

호랑이   원숭이

처음에는 서로의 다른 점에 끌려서 열정적으로 연애를 시작하는 경향이 있지만 시간이 갈수록 다른 점이 서로를 힘들게 만드는 원인이 되어 결국 헤어지게 된다. 따라서 주말부부 등 개인적 공간과 시간을 서로 받아들이고 인정해 주는 것이 유효하다.

호랑이는 봄의 기운이고, 원숭이는 가을의 기운이다.

인목은 강한 의지와 호기심이 있으며 신금은 소유욕과 차단, 분별하는 성향이 있다. 인신충은 행동하려는 강한 의지와 그 행동을 제어하려는 기운이 만나 일어나는 현상이다. 인목은 새롭게 변화하고 싶은데 신금은 변화를 차단하고 방해한다. 호랑이는 시작하는 것을 잘하지만 마무리가 약하고 원숭이는 마무리를 잘하지만 시작이 어려운 편이다.

구분	시(時)	일(日)	월(月)	년(年)
지지(地支)		인(寅)		

구분	시(時)	일(日)	월(月)	년(年)
지지(地支)		신(申)		

　궁합이 인신충에 해당하면 연애 초기에는 속도감 있게 관계가 깊어지지만 시간이 흐를수록 자신의 주장이 강해지고 상대의 생각이나 의지는 무시하는 경향이 강해지며 취미나 성향, 목적성도 반대방향으로 가는 경우가 많다.

　인목은 확산하고 시작하는 기운이 강하지만 신금은 마무리하고 결과 중심적으로 움직이는 경향이 있어 서로 다툼이 잦고 서로 이해하고 받아들이기 어렵다.

　또한 자신을 과신하여 과욕을 부리거나 능력에 맞지 않는 업무에 도전하여 불필요한 사건 사고를 만드는 경향이 있다. 그래서 생지충이 들어올 때는 최대한 욕심과 욕망을 통제해야 하고 보수적인 태도를 취해야 한다.

| **사화(巳火) + 해수(亥水)가 만났을 때** |

뱀   돼지

서로 의심하고 집착하는 경향이 있으며 추구하는 목적성이 다르고 주로 집안문제나 정신적인 문제가 안 맞는 경우가 많다. 그러나 싸운 후에는 뒤끝이 없는 편이고 육체적인 부부관계는 좋은 편이다. 따라서 충분한 대화와 소통을 통해 오해를 만들지 않는 것이 중요하다.

뱀은 여름의 기운이고, 돼지는 겨울의 기운이다.

불은 확산, 팽창하려는 기운이고 물은 수축, 응집하려는 기운이다. 사해충은 확산, 팽창하려는 기운과 수축, 응집하려는 기운이 서로 충돌하는 것으로 비유하자면 사화는 새로운 일을 크게 확장하려는 기운이고 해수는 확산하지 말고 지금 하는 일이나 더 잘하자는 것이다. 사화는 연애 초기에 열정적인 모습을 보이지만 금세 식을 수 있어 처음부터 너무 과하게 표현하지 말아야 한다. 해수는 의심과 걱정이 너무 많아 부정적인 연애가 될 수 있고 상대에 대한 기대가 너무 커서 실망하기 쉽다.

구분	시(時)	일(日)	월(月)	년(年)
지지(地支)		사(巳)		

구분	시(時)	일(日)	월(月)	년(年)
지지(地支)		해(亥)		

　궁합이 사해충에 해당하면 연애 초기에는 반대적인 성향에 끌려 속도감 있게 관계가 깊어지지만 시간이 흐를수록 본질적이고 개인적인 문제가 발생된다.

　사화는 새로운 것을 만들고 고치며 변화를 주도하려는 경향이 강하지만 해수의 행동과 의지가 그것을 받아들여 주지 않는다. 마치 물과 불이 만나 둘 중 하나는 증발되거나 꺼져야 하는 것처럼 한 치의 양보도 없이 서로 자신의 주장과 뜻을 관철하려는 성향을 보인다.

　사해충은 은밀한 성관계와도 관련이 있어 부부의 건강에도 영향을 미치며 주로 비뇨기문제 및 뇌혈관질환에 취약하다. 현대는 의학의 발달로 예방과 치료가 발달하여 그런 염려는 많이 줄어들었지만 그래도 조심해야 한다.

토끼   닭

자기 기운이 선명하고 뚜렷하여 상대를 인정하지 못한다. 한번 시작된 싸움은 상대가 졌다고 인정할 때까지 치열한 편이며 심하면 폭력적인 성향이 나오기도 한다. 상대를 이해하고 받아들이기 어렵다. 따라서 상대에 대한 이해와 배려가 필요하고 이를 위해서는 함께 공유할 수 있는 공동의 취미와 일이 있으면 좋다.

토끼는 봄의 기운이고, 닭은 가을의 기운이다.

묘유충은 확산하는 봄의 기운과 차단하는 가을의 기운이 만나 충돌하는 것이다. 비유하자면 묘목은 집안을 어지럽게 한다면 유금은 그것을 쫓아다니면서 치우고 정리하는 것이다. 유금은 결국 지치게 되고 묘목은 새로운 것을 찾아 유금을 떠나는 경향을 보인다.

구분	시(時)	일(日)	월(月)	년(年)
지지(地支)		묘(卯)		

구분	시(時)	일(日)	월(月)	년(年)
지지(地支)		유(酉)		

궁합이 묘유충에 해당하면 자신의 능력과 재능 등을 표출하고 싶은 충동이 강해지며 상대가 자신의 의도대로 맞춰주기를 바라는 마음이 커진다. 왕지는 자신의 선명성과 재능을 표출하는 것이고 세상에 드러낼 수 있는 능력까지 갖추고 있다.

그러나 문제는 그러한 재능과 능력을 가진 자신이 상대보다 우선이라는 점이다. 그래서 갈등과 다툼도 많지만 부부간에 잘 발현된다면 서로 시너지 효과를 내기도 하는데 이러한 경우 업무적으로 협업 형태가 잘 이루어져야 한다.

묘목과 유금은 더 이상 첨가가 필요 없는 가장 완전한 상태를 의미하며 자신만의 특별한 고유성을 지닌다. 이미 완제품이 만들어졌는데 거기에 다른 것을 첨가한다면 오히려 상품가치가 떨어지는 것이다. 그래서 무엇보다도 서로의 재능과 능력을 인정하고 무시하거나 방해하지 않는 것이 중요하다.

| 자수(子水) + 오화(午火)가 만났을 때 |

쥐   말

　서로 분명한 색을 지니고 있어 서로 인정하고 받아들이면 좋은 관계를 유지하기도 하지만 기본적으로 성향이 너무도 달라 화합하기가 어렵다. 따라서 상대를 바꾸려는 시도는 금물이며 있는 그대로 상대를 인정해 주고 받아들이는 것이 중요하다. 자수는 어둠 속이 편하고 오화는 열심히 집중하고 일할 때가 행복하다.

　쥐는 한겨울의 기운이고 말은 한여름의 기운이다.

　자오충은 가장 색다른 기운이 만나 충돌하는 현상으로 그 결과가 가장 명확히 나오는 편이다. 싸움 자체는 치열하지만 뒤끝 없이 깔끔한 편이고 승패가 결론 나면 오히려 관계가 좋아지는 경우가 많다. 다만 서로 건강과 관련하여 문제가 발생되기 쉽다.

남자

구분	시(時)	일(日)	월(月)	년(年)
지지(地支)		자(子)		

여자

구분	시(時)	일(日)	월(月)	년(年)
지지(地支)		오(午)		

궁합이 자오충에 해당하면 연애 초기에는 천생연분처럼 서로에게 매우 강력하게 끌림 현상이 있다. 그래서 결혼까지 일사천리로 진행되는 경우가 많은데, 문제는 결혼 후 아기가 태어나면서 주로 시작된다.

자수는 어둠 속이 편하고 행동이 소심하며 자신을 드러내는 것을 싫어하지만 오화는 밝은 곳을 좋아하고 집중력과 집착이 있으며 자신의 성과를 대외적으로 보여주기를 선호한다.

서로 원하는 것이 전혀 다른 것이다. 그래서 자오충이 있는 경우 육아문제, 아이 교육문제, 재테크 등 추구하는 방향이 다르고 진행과정이나 목적도 서로 맞지 않는 경우가 많다.

특히 서로 욱하는 성향을 지니고 있어 언제 폭발할지 모르는 긴장 상태에 있기 때문에 불안하여 부부생활을 지속하기 어려운 점이 있다.

진짜 이별은 마음이 정리되는 것이다.

만나는 것은 쉬운데 헤어지는 것은 어렵다.
헤어지는 것은 쉬운데 잊는 것은 어렵다.

결국 잊지 못하는 것은
아직 이별이 끝나지 않았다는 것이다.

년지충/월지충
(피해야 할 인연)

만나야 할 사람을 만나지 못하면 사랑을 잃고
만나지 말아야 할 사람을 만나면 인생을 잃는다.

년과 월의 충은 내가 태어난 환경이 힘들고 어렵다는 것이고 너무 일찍 잘못된 만남이 일어날 가능성이 높다는 것이다. 따라서 년과 월에 충극이 있는 사람은 늦게 결혼하는 것이 좋다.

특히 년지충은 예로부터 중요하게 여겨져 왔는데 그 이유는 년지는 대외적인 모습 즉 가문과 집안의 모습을 대변했기 때문이다. 과거에는 어느 집안에서 태어났는지에 따라 자신의 신분이 결정되었기 때문이다.

그러나 현대에는 그 중요성이 과거에 비해 많이 떨어졌다.

년지 월지 역마충

구분	시(時)	일(日)	월(月)	년(年)
			남자	
천간(天干)				
지지(地支)			신(申)	인(寅)
			여자	
천간(天干)				
지지(地支)			인(寅)	신(申)

년지와 월지에서 충이 발생되면 우선 초년 운이 힘들고 어렵다는 것을 의미한다. 초년 운이 어렵다는 것은 크게 두 가지로 구분할 수 있는데 첫 번째는 부모 복이 없어 고생할 수 있는 것과 본인 몸이 아파 제대로 생활할 수 없는 경우로 구분할 수 있다.

이때는 대운이 매우 중요한데 회복될 수 있는 운이면 점차 좋아지지만 그 반대의 경우는 최악의 상황을 맞이할 수도 있다.

| 역마충 |

돈과 명예 또는 좋아하는 이성에 대한 욕심이 생기거나 어떤 일에 대한 강한 욕망이 발생한다. 따라서 심리적으로는 긴장감이 만들어지고 예민해지는 등 불안정한 모습을 보인다. 마음이 다소 급해지기 때문에 속도가 너무 빨라 문제가 발생하게 된다.

역마충 궁합은 서로 자기주장이 강하고 자신의 고집과 아집으로 인해 다툼이 많다. 기본적으로 배려심은 적고 감정적이고 행동이 과격하여 마음뿐 아니라 신체적으로도 상처가 많이 남는다.

그래서 역마운 때 유흥과 재물을 탐하게 되면 최악의 상황이 발생되지만, 육영활인업을 시작하면 오히려 길한 작용이 발생되기도 한다. 대표적인 육영활인업인 교육, 의료, 보건, 종교, 봉사 관련된 일을 시작하거나 종사하는 것이다.

그래서 역마충이 있는 궁합은 최대한 욕심과 욕망을 통제해야 하고 상대와 대화를 통해 합의점을 찾는 것이 중요하다.

호랑이   원숭이

욕심으로 인해 속도에 관한 문제가 발생되기 쉽다. 즉 어떤 목적을 달성하기 위해 주변 환경이나 상황 등을 고려하지 않고 빠른 속도로 진행하다가 실패하거나 구설, 송사, 인간관계 훼손 등이 일어날 수 있고 건강적으로는 교통사고, 낙상, 폭행, 화재 등도 조심해야 한다.

성급하고 권력지향적인 인목의 기운과 목적을 위해 차단하는 신금의 기운이 만나 행동양식에 대한 문제가 자주 발생된다. 부부 싸움 시 다소 폭력성을 보일 수 있으며 싸움은 단기적이지만 충격이 강하다.

특히 생각이 떠오르면 강한 의지로 실행하려는 경향이 강해져 주변의 만류에도 바로 행동하거나 추진하여 실패하는 경우가 많다. 호랑이는 권력지향적이고 세력을 빨리 넓히려고 한다면 원숭이는 주변 환경을 구분하고 차단하여 결과를 얻으려는 것이 강하다.

| **사화**(巳火) **+ 해수**(亥水) **= 사해충**(巳亥沖) |

뱀   돼지

자신의 능력보다 크고 빠르게 진행하려는 욕심으로 인해 실패, 구설, 송사, 인간관계 훼손 등이 발생될 수 있으며 건강적으로는 뇌혈관에 관련하여 뇌수막염, 뇌출혈, 심근경색 등을 조심해야 한다.

확산하고 크게 행동하려는 사화의 기운과 축소하고 의심과 걱정이 많아 심사숙고하는 해수의 기운이 만나 불안정한 정신적인 문제를 만든다. 부부관계에서 정신적이고 문화적인 갈등이 많은 편이며 싸움은 장기적이고 충격은 지속적이다.

특히 사해충은 여름과 겨울이 충돌하는 것으로 여름은 강하게 움직이고 확장하려고 한다면 겨울은 행동이 소극적으로 변화되고 꿈과 이상만 머릿속에서 펼쳐지는 상황이 된다. 따라서 뱀은 행동하려고 하는데 돼지는 이를 막고 저지하는 형상이라고 할 수 있다.

년지 월지 도화충

이미 완성되었거나 완성 단계에서 주변과 차별화하고 구분하려는 특성을 지니고 있으며 가장 완벽해 지고 싶은 욕망이 커지는 것이다. 자신이 가지고 있는 재능과 능력을 근사하게 포장하고 잘 보여질 수 있게 꾸미는 기운이다.

──────────── 남자 ────────────

구분	시(時)	일(日)	월(月)	년(年)
천간(天干)				
지지(地支)			묘(卯)	유(酉)

──────────── 여자 ────────────

구분	시(時)	일(日)	월(月)	년(年)
천간(天干)				
지지(地支)			유(酉)	묘(卯)

년지 월지의 도화충은 크게 두 가지 방향으로 진행되는데 첫 번째는 초년에 이성문제가 빨리 발생될 수 있고 두 번째는 자신의 재능을 초기에 발견하여 사회적으로 인기와 성공을 일찍 실현할 수도 있다. 다만 도화는 인기와 관심과 더불어 시기 질투도 함께 존재하여 강력한 스트레스가 있다.

도화란 복숭아나무 꽃이라는 의미로 예쁘고 탐스러워 갖고 싶은 마음을 생기게 한다. 그래서 인기가 있지만 구설과 망신이 있고 갖고 싶지만 많은 사람들이 다가와 만지며 꽃을 훼손하여 자칫 상처를 입고 망가질 수 있다.

직업적으로는 연예인, 예술가 등 대중들의 평가 또는 인기와 관련이 깊다. 개인적인 성향이 강하고 자신의 캐릭터성이 명확하여 양보심이 없고 이기적이다.

기본적으로 상대가 자신의 색깔에 맞추기를 바라는 성향이 있으며 자기중심적으로 생각하기 때문에 배우자 배타성이 강하게 나타난다.

도화충이 있는 궁합은 자신의 선명성과 상징성을 상대에게 표출하는데 자신이 의도한 것이 아닌 무의식인 경우도 많다. 자기만의 매력이 너무 강해 상대방에게 제 멋대로 행동하며 자기 스타일을 알아서 받아들이라고 강요하는 것이다.

따라서 항상 자신의 색깔을 상대에게 강요하는 듯한 느낌이 들지 않도록 주의하는 것이 좋다.

| 묘목(卯木) + 유금(酉金) = 묘유충(卯酉沖) |

토끼   닭

    토끼는 화창한 봄날 들판에 핀 무성한 꽃들처럼 이것저것 늘어놓고 펼치려고 하는 기운이고 닭은 가을걷이가 끝난 황량한 들판에 이미 수확한 결실을 저장하고 문을 잠그고 차단하는 기운이다.

    토끼는 어린아이처럼 호기심이 많고 움직임이 많아 분주해 보이고 이것저것 여러 가지 일들을 하려고 하는데 닭은 중년의 어른으로 수많은 경험을 통해 알게 된 지식을 바탕으로 하지 말아야 할 것들을 단호하게 차단하고 정리하려는 것이다.

    토끼는 분주하게 일을 벌이고 닭은 정리하다가 스트레스를 받아 토끼에게 모진 말로 상처를 주고 꼼짝 못 하게 하는 모습이다. 묘유충이 되면 서로가 스트레스를 강하게 받고 부부관계가 나빠지는 것은 물론이고 주변사람이나 집안까지 싸움이 확대되는 경향을 보인다.

| 자수(子水) + 오화(午火) = 자오충(子午沖) |

쥐   말

　쥐는 어둠 속에서 은밀하게 움직이며 행동이 가장 소극적이어서 자신을 잘 드러내지 못하며 사소한 것에 연연하는 경향이 있다. 말은 가장 밝고 화창한 곳에서 다른 사람들의 이목을 집중시키며 열심히 행동하는 모습을 보인다. 말은 예민하고 자존심이 강하며 욱하는 성질이 있어 한번 시작하면 끝장을 보려는 심리가 강하다.

　쥐는 소심함과 의존성이 강하여 자신이 직접 행동하는 것을 두려워하기 때문에 남을 시키거나 남에게 의존하려 한다. 말은 독립적이고 개인적이며 모든 것을 자신이 직접 관여하고 참여하려는 성향이다.

　은밀하고 조용한 것을 좋아하는 쥐는 사사건건 관여하고 집착하는 말에게 스트레스를 받게 되고 매사 또렷하고 확실한 것을 좋아하는 말은 비밀스럽고 시원하게 말을 하지 않는 쥐가 답답하고 속이 터진다. 두 기운이 만나게 되면 한쪽이 상대방을 무시하거나 원망하는 형태로 부부관계가 훼손된다.

년지 월지 화개충

    화개란 화려한 재능이나 능력을 덮는다는 의미를 지니고 있다. 재능이나 능력이 탁월하지만 그것은 이미 지난 것으로 현재에는 사용하기 어렵다는 것이다. 그러나 과거에 뛰어난 재능으로 화려한 인기와 명예에 대한 기억이 남아 있어 쉽게 욕망이 단념되지 못하는 현상이 일어나는 것이다. 그래서 화개는 쓸쓸하고 외롭지만 우아하고 아름다운 면이 있다.

남자

구분	시(時)	일(日)	월(月)	년(年)
천간(天干)				
지지(地支)			진(辰)	술(戌)

여자

구분	시(時)	일(日)	월(月)	년(年)
천간(天干)				
지지(地支)			술(戌)	진(辰)

화려함이 서서히 저물어 가는 모습으로 붉게 물들었던 아름다운 꽃이 시들어 가지만 꽃은 그 기억 때문에 행복할 수 있는 것이다.

지난날을 그리워하는 마음이 바로 화개이다. 아직은 내 마음속에 그때의 기억이 남아 있고 그 기억을 누군가에게 전할 수 있다면 그 기억은 다시 활짝 핀 꽃이 될 수 있다.

그래서 화개는 자신이 주인공이 되는 것이 아니라 주인공을 만드는 일이 더 잘 어울린다. 직업적으로는 선생님, 교육자, 철학자, 상담자, 종교, 지도자 등 남을 위하고 남의 재능을 키워내는 일이 잘 맞는다. 화개는 남을 돕는 것이 곧 자신을 돕는 것이다.

기본적인 성향으로는 고집과 소심함으로 인해 서로 믿음이 약하고 의심이 많다. 또한 자신의 이익을 우선하고 서로 자신의 모습을 보여주지 않기 때문에 부부관계에서도 특히 재물 부분에서 투명하지 않다.

화개충이 있는 궁합은 무언가 보관하고 유지하려는 성향이 강하게 나온다. 귀하고 필요한 것만 보관하는 것이 아니라 상대의 잘못, 실수, 기억하기 싫은 것까지 모두 보관하거나 저장하려는 기운을 지니고 있다. 보관함은 금세 상대를 공격하는 무기창고가 될 수 있다.

| 진토(辰土) + 술토(戌土) = 진술충(辰戌沖) |

용   개

　　용은 상상의 동물로 꿈과 이상이 높고 화려한 것을 좋아하며 자존심이 강한 편이다. 개는 충성심과 용맹함이 있고 신의가 있어 한 번 약속한 것은 반드시 지키려는 성향이 강하다.

　　그래서 잘난척하기를 좋아하는 용과 보수적이고 융통성이 없는 개가 만나면 서로 다른 주장과 행동을 하게 되어 다툼이 잦아지게 된다.

　　진토는 완연한 봄의 기운이어서 눈이 즐거운 시기로 꽃들이 만발하고 날씨도 따뜻하여 사람들은 모두 밖으로 나와 사진을 찍고 멋을 부리며 추억을 만드는 시기이다.

　　술토는 추수가 끝난 황량한 가을 들판에 생명의 기운은 자취를 감추고 거리는 단풍으로 물들어 아름답지만 곧 낙엽이 떨어지고 추워져 외롭고 쓸쓸한 정적만 흐르는 모습이라고 할 수 있다.

진토는 이상적인 생각을 하고 멋과 변화를 추구하지만 술토는 현실적이고 변화를 싫어하는 보수성으로 인해 서로를 이해하지 못하고 성향적으로도 맞지 않는다.

주말부부나 별거, 각방을 쓰는 경우가 많다. 따라서 진술충이 있는 궁합은 떨어져 살거나 각자 추구하는 방향으로 갈 수 있게 인정하고 도와주는 것이 도움이 된다.

| 축토(丑土) + 미토(未土) = 축미충(丑未冲) |

소   양

소는 가장 춥고 고통스러운 시기에 있어 앞이 보이지 않는 두려움이 있지만 생각만큼은 긍정적이고 희망적이다. 어둠이 짙다는 것은 곧 여명이 밝아오고 있다는 것을 아는 것이다. 그에 비해 양은 이미 모든 성장과 화려함을 맛본 상태로 앞으로 더 이상의 무엇이 있는지에 대해 불안과 부정적인 것을 지니고 있다.

햇빛이 너무 강하면 오히려 눈이 부셔서 앞이 잘 보이지 않는 것과 비슷하다. 따라서 소는 미래를 위해 현재를 희생하고 준비하는 성향이라면 양은 불안한 미래가 오기 전에 현재에 충실하려는 성향을 가지고 있다.

서로 다르다는 것은 어울릴 수 없다는 의미도 있지만 보완될 수 있는 고마운 존재이기도 하다. 축토는 만삭의 임산부처럼 당장은 불편하고 고통스럽지만 임산부만이 가질 수 있는 찬사와 대접을 받을 수 있고 곧 태어날 아기로 인해 희망과 소망을 함께 담고 있다. 그래서 지금 겪는 고통과 불편함을 기쁜 마음으로 참아낼 수 있는 것이며 미래에 대해서 희망적일 수 있는 것이다.

그에 비해 미토는 봄과 여름을 지나 이제 곧 결실만을 남겨둔 상태인데 지금 가지고 있는 것들은 완성된 것이 아니라고 느껴지기 때문에 그 가치를 잘 알아채지 못하고 성급해지고 불안정해 한다.

이미 갖고 있는 것들이 시간이 지나면 모두 완성품이 되는데 그것에 대한 확신이 들지 않아 의심이 많고 부정적이다.

희망적이고 가족중심적인 축토의 성향과 달리 비관적이고 개인중심적인 미토의 성향이 만나 서로를 원망하고 스트레스를 받는 구조이다. 결별할 때에도 협의보다는 소송 재판 등 타인을 끌어들여 분쟁을 심화시키는 경우가 많다.

일지파
(가는 방향이 다른 배우자)

破 깨뜨릴 파

파(破)의 작용은 사람의 마음에 관한 이야기이다.

처음에는 같은 마음이었지만 어떤 요인들에 의해 마음이 변하고 다툼이나 헤어짐으로 이어지는 과정이다. 단기적이고 배신의 감정을 만들며 미련이 많이 남는 특징이 있다.

파(破)는 사랑했던 남녀관계가 마음의 변화로 깨진다는 의미이다. 그런데 깨지기 위해서는 먼저 깨질 수 있는 관계가 형성되어야 하기 때문에 선합후파(先合後破)가 된다.

선합후파란 처음에는 사랑하여 화합하고 후에는 다투고 헤어진다는 것을 의미한다. 따라서 파운이 들어오면 잠깐 만나서 사랑을 나누

다가 원래 자신의 자리로 돌아온다는 의미를 지니고 있다.

파가 있으면 자기중심적이고 자기희생이 약하며 손해 보기 싫어하는 성향을 지닌다. 그러면서도 호기심이 많고 이성에 대한 열정이 있어 끊임없이 사랑을 추구하지만 결국 사랑을 이루어 오래 지속하기는 어려운 구조이다.

특히 파는 약속과 신의를 중요하게 생각하는 경향이 있어 시간약속을 잘 안 지키거나 자신이 한 약속에 대해 책임지지 않을 때 다툼이 발생하고 헤어지는 원인이 되기도 한다.

그래서 파의 이별에는 반드시 배신이라는 단어가 개입되고 배신을 한 사람이나 배신을 당한 사람 모두 패배자로 남게 된다. 파의 사랑은 크게 두 가지 이유로 결별을 맞이하게 되며 그 기간은 충의 이별에 비해 짧고 순간적으로 일어나는 경우가 대부분이다.

첫 번째는 2개의 마음이 어느 순간 공존하게 되며 순간적인 즐거움이나 유혹으로 인해 배신하는 경우가 있고 두 번째는 처음에 느꼈던 좋은 감정들이 여러 요소들로 인해 급속하게 변하는 경우이다. 이 2가지 이유가 함께 결합되어 발생하는 경우도 자주 발생한다.

사랑의 시작은 운명의 짝을 만난 느낌이지만 시간이 지날수록 결국 서로 다르다는 것을 인식하고 헤어지게 되는 것이 선합후파이다.

처음에는 합하고 시간이 지나면 깨진다는 의미로 연애 초기에는 누구보다도 열정적으로 사랑을 하지만 시간이 지나면서 서로 다르다는 것을 인식하고 서로의 모습에 실망하면서 결국 헤어지게 되는 것이다.

빗소리에 마음이 젖는 날이면
아득히 그가 그리워진다.

아프고 힘들었던 기억일지라도
시간은 마법처럼
아픈 기억을
새봄처럼 채색하여 다시 리셋해 준다.
그러니까 지금 아프다고 너무 염려하지 말자.

파(破)의 종류와 의미

| 인(寅) + 해(亥) = 파(破) |

호랑이   돼지

　호랑이의 능동적이고 적극적인 기운과 돼지의 생각이 많고 정신적인 기운이 만나 금세 사랑에 빠지지만 시간이 지나면서 마음이 변하고 서로의 기운이 화합하지 못하여 헤어지게 된다.

　호랑이는 급하게 서두르고 과욕과 만용을 부리다가 중도에 일을 그르치고 돼지는 번잡한 생각과 의심으로 관계를 훼손하게 된다. 처음에는 뜨겁게 사랑이 잘 진행되지만 후에 서로 자기 위주로 생각하며 상대방이 해주기만을 바라기 때문에 사랑의 모습이 변질되고 지치게 된다.

　호랑이와 돼지는 선합후파(先合後破)라 하여 남녀관계에서도 처음에는 뜨겁게 사랑하다가 결국 이별한다는 의미를 담고 있다.

| 사(巳) + 신(申) = 파(破) |

뱀   원숭이

    뱀의 화려하고 적극적인 성향이 원숭이의 강력하게 추진하고 돌
진하는 모습을 보면 처음에는 서로 다른 모습에 끌리지만 시간이 지
나면 마음이 변화되어 헤어지는 관계가 된다.

    원숭이는 승부욕이 강하고 잔재주가 있으며 자신의 능력을 과신
하다가 망신을 당하기도 하는데 뱀도 욕심이 강하고 지기 싫어하기
때문에 서로 주도권싸움이 생길 수 있다.

    원숭이와 뱀은 계획 없이 크게 지출하는 성향이 있어 나중에 금전
적인 부분에서 불화가 생길 수 있기 때문에 주의해야 한다.

    사신(巳申)은 형살이면서 파(破)에도 해당하여 헤어질 때 소송 등 법
적인 문제까지 발생될 수 있다. 처음에는 뜨겁게 사랑하다가 결국 관
재, 구설 등으로 힘들어질 수 있다.

| 자(子) + 유(酉) = 파(破) |

쥐   닭

　　쥐의 은밀하고 활동성이 없는 성향과 닭의 완벽하게 차단하는 성향이 만나 처음에는 서로가 비슷하고 잘 통한다고 생각한다. 하지만 시간이 지날수록 전혀 다른 모습을 지니고 있음을 깨닫고 헤어지게 된다. 쥐의 사랑은 조용하고 소극적이기 때문에 비밀스러운 관계를 원하지만 닭의 사랑은 귀찮은 것은 싫어하지만 모두에게 인정받고 부부가 함께하는 관계를 원한다.

　　쥐는 정신적으로 불안정하여 우울증, 신경쇠약, 공황장애 등 병증이 있고 신체적으로는 자궁, 난소, 방광 등에 문제가 발생하기 쉽다. 닭은 예민하고 차단 구분하는 성향이 강하여 배우자에게도 배타적인 모습을 보여 상처를 준다.

　　자유(子酉)는 귀문(鬼門)이면서 파(破)에도 해당하기 때문에 정신적인 스트레스가 많고 스스로 어두워지고 부정적인 성향이 강하게 나옴으로 결국 헤어지게 된다.

| 오(午) + 묘(卯) = 파(破) |

말   토끼

　　토끼의 번잡스럽게 펼치려는 기운과 말의 집중하고 한 가지에 몰입하는 기운이 만나 서로 이해하지 못하고 마음의 번뇌가 생겨 헤어지게 된다. 토끼와 말은 자기중심적이고 개성이 뚜렷하여 처음에는 그 선명성으로 인해 서로에게 흥미가 생기지만 시간이 지날수록 선명성은 다름으로 인식되어 떨어지게 된다.

　　말은 집중력이 강하나 지구력이 약하여 쉽게 지치고 토끼는 예쁘고 순수하지만 변덕이 심하고 이성적으로 문란하여 구설에 자주 오르며 유흥, 오락, 주색잡기 등에 빠져 패가망신하기 쉽다. 한 가지 일을 꾸준히 하기 어려워 직장이 불안정하고 배우자복이 약한 편이다.

　　따라서 말과 토끼는 각자 자신의 매력과 재능을 상대와의 관계보다 중요하게 생각하고 우선시하기 때문에 결국 각자 자신의 원래 모습으로 돌아가게 된다.

| 축(丑) + 진(辰) = 파(破) |

소   용

　　소의 보수적이고 가족 중심적인 기운과 용의 개방적이고 타인중심적인 기운이 만나 처음에는 잘 어울리는 것 같지만 한순간 유혹이나 유흥에 빠져 마음이 변심하여 상대를 배신하거나 자신이 배신당하게 된다.

　　소와 용은 자기 것을 아끼고 소유하려는 마음이 강해 사소한 것도 인색하고 집착으로 변질되기 쉬우며 처음에는 서로 비슷한 점으로 인해 좋은 관계를 유지하나 시간이 지날수록 다른 점으로 인해 관계가 훼손되기도 한다.

　　특히 소와 용은 고집이 세고 의심과 시기질투가 강하여 상대의 탓을 많이 하고 작은 일에서도 자존심을 내세우며 지기 싫어하고 양보하지 않는 경향이 있다. 육친 간 불화가 많고 형제간 재산 다툼으로 송사가 발생하며 인덕이 적어 결정적인 순간에 도움을 받지 못해 실패하는 기운이 있다.

| 술(戌) + 미(未) = 파(破) |

개   양

　개는 점잖고 듬직한 성향이 있고 재물을 잘 지키며 절약하는 모습이 있다. 양도 저축을 잘하고 작은 것을 잘 아끼는 모습이 있어 서로 잘 어울리는 듯 보인다. 하지만 개는 강압적으로 하지 못하게 막는 성향이 있고 양은 여기저기 돌아다니며 개인적인 시간이 필요하기 때문에 맞지 않는다.

　개와 양 모두 고집이 강해 서로의 말을 듣지 않으며 자기 생각대로 밀어붙이는 성향이 강하다. 또 관계가 틀어졌어도 금전적인 부분이 엮여 있을 때는 서로가 손해 보고 싶은 생각이 전혀 없기 때문에 억지로 관계를 이어나가는 경우가 많다.

　술미(戌未)는 형살이면서 파(破)에도 해당된다. 따라서 이별이 복잡한 양상을 보이며 소송, 구설 등도 잘 생길 수 있다.

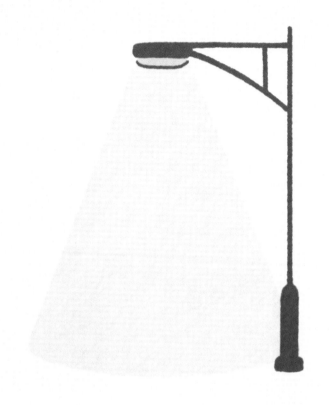

기다림….

이별은 항상 다른 이유로 찾아오지만 슬픔은 모두 같았다.
작별인사도 없이 떠난 사람들을 기다리는 골목길에는

그리움만 서성거린다.

입묘의 의미

入 들 입 墓 무덤 묘

토(土)는 보관하고 저장하는 기능이 있는데 보관이라는 개념은 물건을 저장할 때 사용하는 개념이므로 사람을 창고에 보관한다는 것은 이치에 맞지 않음을 알 수 있다.

그런 의미에서 토는 사람에게 창고가 아닌 무덤이라고 표현하게 된 것이다. 그러한 이유로 일지에 토가 있으면 배우자가 무덤 속에 있는 형상이라고 해서 매우 부정적인 관점으로 혼인관계를 해석하게 되었다.

즉 배우자가 나를 무덤에 넣거나 내가 배우자를 무덤에 넣는다는 의미를 지니고 있다고 해석한 것이다. 무덤은 죽어야만 들어갈 수 있는 곳으로 최악의 경우 상대 배우자를 죽음에 이르게 할 수도 있다고 생각했다.

그러나 이는 과도한 해석으로 실제로 일지에 배우자를 무덤 속에 넣고도 백년해로하면서 사는 부부가 얼마든지 있다는 것을 알 수 있다.

다만 일지에 토가 있으면 상대를 강압적으로 통제하려는 심리가 강해지고 배우자를 자신의 울타리에 가두려는 성향이 있어 자유분방한 배우자와는 갈등과 다툼이 잦을 수 있다.

그러나 이 또한 궁합의 다른 요소들에 의해 완화되거나 가중되는 경우가 많기 때문에 천편일률적으로 모든 무덤 속의 배우자가 똑같다고 볼 수는 없다. 특히 궁합에서 토를 포함한 삼합이 있을 경우 뜻이 잘 맞아 행복하게 잘 사는 부부가 오히려 더 많다.

따라서 배우자가 무덤 속에 있고 충극형살귀문 등이 운에 의해 가중되어 궁합이 심하게 훼손될 때 이혼과 사별 등 최악의 결과가 발생할 수 있다. 그러나 이는 단순히 무덤 속에 배우자가 있어서가 아니라 여러 가지 나쁜 환경들이 한 번에 중첩되어 조성되었기 때문이다.

개운법으로는 교육, 의료, 철학, 종교, 공직, 봉사 등의 남을 돕는 일을 통해 나쁜 운을 해소할 수 있다. 또 나에게 꼭 필요한 오행을 넣어 이름을 개명하거나 기도, 참선, 봉사활동 등으로 나쁜 운을 벗어나는 방법은 다양하지만 무엇보다 중요한 것은 내 배우자를 사랑하는 마음이다.

입묘현상

최악의 입묘현상은 드물지만 그 현상은 강력하기 때문에 주의해야 한다. 최악의 입묘현상은 자신의 사주가 입묘된 상태에서 운에서 형충해파 원진귀문 등 다양한 나쁜 요소들이 중첩될 때 발생된다.

인연 중에는 가까이 있으면 좋은 작용을 하는 관계도 있지만 반대로 가까이 있으면 나쁜 작용을 하는 관계도 존재한다.

이것은 기운이 맞지 않아 일어나는 현상으로 사람 자체가 좋고 나쁜 것과 관련 있는 것이 아니다. 즉 좋은 사람도 궁합이 맞지 않는 사람을 만나면 나쁜 배우자가 될 수 있고 나쁜 사람도 궁합이 잘 맞으면 좋은 배우자가 될 수 있는 것이다.

궁합이 맞지 않는 부부 중 주말부부나 떨어져 사는 것으로 보완이 되어 잘 사는 경우를 종종 보게 된다. 떨어져 지내는 것만으로도 두 사람 간의 기운이 작동하지 않기 때문이다.

특히 입묘 사주의 경우 떨어져 사는 것이 매우 좋은 방법이 될 수 있다. 눈에서 멀어지면 마음에서도 멀어진다는 말이 있지만 궁합이 맞지 않는 관계에서는 유효하지 않다.

입묘현상의 공통점은 모두 토(土)에서 일어나는데 이것은 토가 보관과 저장의 기능이 있기 때문이다. 입묘는 사주에 있을 때와 운에서 들어올 때로 구분해야 하며 궁합을 볼 때는 사주원국이 중요하고 결혼 후에는 운이 더 중요하다고 할 수 있다.

왜냐하면 결혼 전, 사주에 입묘가 있다면 평생 입묘의 기운을 안고 살아가야 하고 결혼 후에 입묘는 실제 강력한 현상으로 나타나기 때문이다. 입묘의 중요 현상은 죽음, 사별, 암, 고혈압 등의 병증 발현, 경제적 어려움, 부정적인 생각, 송사, 관재, 구설 등 다양한 형태로 나온다.

그중에서도 관성입묘와 재성입묘는 배우자가 무덤으로 들어간다는 의미가 있어 궁합에서는 매우 나쁜 것으로 인식되고 있다.

관성입묘는 남편이 무덤으로 들어간다는 것이고
재성입묘는 부인이 무덤으로 들어간다는 의미이다.

따라서 여자 사주가 관성입묘 사주이고 남자 사주가 재성입묘 사주라면 면밀히 살펴야 한다. 다만 모든 입묘사주가 다 나쁜 것은 아니며 사주 구성에 따라 완화되기도 하고 복원하기도 한다.

관성입묘(官星入墓)

관성입묘(官星入墓)는 육친적으로 여성에게는 남편에 해당하고 남성에게는 자식에 해당한다. 남편과 자식은 가족 구성원 중 가장 소중한 존재이다. 따라서 입묘 중에서 관성입묘는 가장 나쁜 현상이라고도 하는데 실제 관성입묘가 일어나면 직장문제, 다툼, 이혼, 자식 때문에 마음고생을 한다. 하지만 명칭의 의미처럼 실제 죽음에 이르는 경우는 매우 드물다.

관성입묘의 의미는 자신의 의지나 계획대로 일이나 업무가 잘 진행되지 않거나 갑자기 불리한 상황이 만들어져서 스트레스를 많이 받고 활동하기 어려워지는 상태를 의미한다. 관성은 명예, 직장, 조직, 사회적 가치 등을 의미하며 관성입묘가 발생되면 실직이나 명예실추, 사회적 가치 훼손에 관련된 사건사고가 발생되기도 한다.

· 예시 ·

구분	시(時)	일(日)	월(月)	년(年)
천간(天干)		계(癸)	기(己)	
지지(地支)		미(未)	축(丑)	

※ 입묘현상은 운에 의해 일지에 충이 발생될 때 일어난다.

재성입묘(財星入墓)

아내를 무덤으로 끌고 들어가다

재성입묘(財星入墓)는 육친적으로 남성에게는 아내에 해당하고 남녀 모두에게는 아버지에 해당한다. 아내나 아버지가 무덤으로 들어가는 현상이라고 하지만 실제로는 아내나 아버지가 아프거나 갈등과 다툼 등으로 다소 나에게 불리한 환경이 조성되는 경우가 많다.

특히 남자 입장에서 재성입묘는 아내의 잔소리나 지나친 간섭으로 스트레스를 많이 받을 수 있고 아내나 아내의 가족 중에 변고가 생길 수도 있다. 재성은 욕망과 재물, 목표, 결과를 의미하는데 이와 연관된 안 좋은 일도 발생될 수 있다.

· 예시 ·

구분	시(時)	일(日)	월(月)	년(年)
천간(天干)		갑(甲)	무(戊)	
지지(地支)		진(辰)	술(戌)	

※ 입묘현상은 운에 의해 일지에 충이 발생될 때 일어난다.

사랑도 사람처럼
잠을 자야 건강해진다

너무 힘들고 지칠 때는 생각을 쉬어보자.
생각도 우리 몸처럼 휴식이 필요할 때가 있다.

부부의 인연

사주에서 부부의 인연은 전생으로부터
이어져 오는 거란 말이 있다.

그리고 그 부부인연이 악연인지 길연인지,
사주와 궁합을 통해 알 수 있는데
악연인 경우 부부로 인연을 피해야 하고
길연인 경우 반드시 부부의 인연을 맺어 전생의 죄를
함께 소멸해야 한다고 한다.

처음에는 좋아서 만났는데 시간이 지날수록 미워지고
원망하는 마음이 들면 악연인 것이다.

악연은 또다시 새로운 죄를 만드는 것으로
때로는 빨리 헤어지는 것이 약이 될 수 있다.

자식 때문에 참고 주변 사람들 때문에 참고

직장, 재물 때문에 참는 것은 반드시 현명한 선택은 아니다.

악연을 무조건 참고 인내하는 것은

새로운 질병을 만들고 전염시키는 것과 비슷하다.

약은 제때 쓰지 않으면 그 효능을 장담할 수 없다.

♦

당신의 새로운 출발에도
화창한 봄날처럼
언제나 행복하길 기원합니다.

♦

사주 사랑이 운명이 되다 ——

THE 궁합

초판 1쇄 발행 2023. 1. 31.

지은이 최제현
펴낸이 김병호
펴낸곳 주식회사 가넷북스

편집진행 김주영
디자인 양현경

등록 2019년 4월 3일 제2019-000040호
주소 서울시 성동구 연무장5길 9-16, 301호 (성수동2가, 블루스톤타워)
대표전화 070-7857-9719 | **경영지원** 02-3409-9719 | **팩스** 070-7610-9820

• 가넷북스는 여러분의 다양한 아이디어와 원고 투고를 설레는 마음으로 기다리고 있습니다.

이메일 garnetoffice@naver.com | **원고투고** garnetoffice@naver.com
공식 블로그 blog.naver.com/garnetbooks
공식 포스트 post.naver.com/garnetbooks | **인스타그램** @_garnetbooks

ⓒ 최제현, 2023
ISBN 979-11-92882-04-8 03180